신들의 모국어

신들의 모국어

하인츠 슐라퍼 지음
변학수 옮김

경북대학교출판부

찍은 날 2014년 1월 13일 **펴낸 날** 2014년 1월 20일
지은이 Heinz Schlaffer **옮긴이** 변학수 **펴낸이** 함인석 **펴낸 곳** 경북대학교출판부
출판등록 1973년 10월 10일 ㉣97호 **주소** 대구광역시 북구 대학로 80
전화 053-950-6741~3 **팩스** 053-953-4692 **이메일** press@knu.ac.kr
홈페이지 www.knupress.com **ISBN** 978-89-7180-387-5 93850
※파본은 바꾸어 드립니다.

옮긴이의 말

서정시는 왜 죽었는가?

이 책을 읽기 전까지 나는 문학 장르 중 왜 하필이면 서정시만 고사枯死하는지 그 이유를 알지 못했다. 어떤 사람은 시인이 많기 때문이라고도 하고, 또 어떤 사람은 시가 어렵기 때문이라고도 한다. 그러나 저자는 이렇게 설명한다. "2천5백 년 동안 따로따로 발전해 왔던 전체 서정적 요소들, 이를테면 시, 노래, 춤, 기악 같은 것들이 팝송 가수들의 등장으로 다시 연합하게 되었다. 록 콘서트 방문객들과 음반으로 듣는 사람들의 수만 놓고 보면 전에 결코 찾아볼 수 없었던 성공적인 서정시라고 볼 수 있다. 시를 계속 정적으로만 쓰려는 엄숙한 시인들은 소리 높여 외치는 팝송 가수들을 서정시 원조의 부활이라고 인정하고 싶지 않을 것이다. 팝음악의 기술적인 성공과 경제적 부가가치는 비록 노래의 텍스트를 음송하고 노래 부르고 춤으로 추었던 그 옛날 그리스의 축제와는 비교할 수 없지만, 그 시대의 신의 제전의 제사의식에서처럼 팝 콘서트의 관객은 역동적인 리듬과 도취에 같은 정도로 함몰된다."(97~98쪽) 나이키의 경쟁자가 더 이상 아디다스가 아니라 컴퓨터나 스마트폰이 된 것처럼, 시도 문학 장르 내에 어떤 경쟁자가 있는 것이 아니라 노래와 춤, 그리고 기악이라는 서정적 장르가 경쟁자가 된 것이다.

저자는 이 책에서 서정시의 현재와 과거가 어떤 모습이었는지를 탐구하고 있다. 서정시는 원래 신들과 대화하기 위해 고안한, 목적과 기능의 언어로서, 문학 장르 가운데서 유일하게 근대가 갖는 특수한 조건들을 넘어 살아남은 원시적 언어다. 유럽과 아시아의 가장 오래된 시들을 살펴보면 그것들이 어떤 목적을 갖고 있었음을 알 수 있다. 시는 제전의식이나 마법에 필요한 언어들로서 "신들을 찬양하고, 병을 치료하며, 흉년과 기근을 막고, 적을 물리치기 위한" 언어였다. 그래서 원래 이 책의 제목에서 사용된 Geistersprache의 Geister는 Geist영, 정신의 복수로서 정령, 귀신, 악령, 지령 등을 통칭하는 개념이었다. 이런 초자연적인 존재들에게 잘 보이기 위해서 인간들은 부름, 찬양, 달램, 추방, 탄원, 저주라는 기교적인 언어를 고안했다. 물론 계몽과 합리화의 과정이라는 역사의 전개 속에서 이런 신들의 언어는 자연히 상실되었고 그 수단들은 살아남았다. 그리고 이것이 바로 오늘날까지도 서정시로서 효력을 발휘하는 언어로 전해 오고 있다. 저자의 말에 따르면 서정주의 「추천사」나 「춘향유문」, 그리고 김춘수의 「처용단장」, 윌리엄 카를로스 윌리엄스 등의 근현대 시는 제의적 상황에서 귀신이나 혼, 역신疫神에게 탄원하려던 목적의 언어가 — 이제 더 이상 그들의 존재를 믿지 않는 시대이기에 — 사라지고 수단만을 남겼다.

오늘날 우리는 시가 갖는 '마법'에 대해서 말하곤 하는데 그것은 시인이 자신의 개인적 경험세계에 음향과 리듬으로 굴절된 형상을 부여하는 능력이라고 본다. 그러나 저자는 괴테 시대 이후로 인정되어 온 바로 이러한 생각을 부정한다. 그에 의하면 근대 이후 서정시의 자아 또한 무엇을 말하는 개인이라기보다는 여전히 제의적 신분으로서의 자아인 것이다. 그래서 서정시는 여느 다른 문학 장르와는 달리 직접적으로 독자를 향한 것이 아니라(소설은 화자(저자)가 독자에게 말을 한다) 시인이 초자연적인 신들을 향해 말을 한다. 다만 서정시의 독자(원래는 관객)는 그 과정에서 당사자가 아니라 증인으로 참여할 뿐이다. 이렇게 신들을 향한 언어행위가 실행될 때 사용되던 도구가 있었는데, 그것이 메타포, 리듬, 운율이다. 메타포는 신들을 부를 때 사용되는 사물들의 다른 이름이었고, 신들에게 바치는 제사를 거행하는 제전에서 사용된 화려한 설비들에 대한 회상이 곧 축제적-서정적 언어이며, 그때 춘 춤의 역동적 보폭이 곧 리듬이고, 반복을 통해 악령을 추방하려는 방법이 곧 운율이었다. 이를 통해서 과거에는 신들에게 말을 걸 수 있었고, 근대 이후에도 사용의 천이遷移는 있지만 시가 독자에게 마법을 걸 때 사용되는 중요한 요소들로 남아 있다.

저자는 16개의 장에서 신들에게 바치는 언어에 사용되거나 또는 그때 동반되었던 수단들에 대해 설명하고 있다. 여기에서 그는 신을 떠난 시와 신을 용인하는 시의 현상을 다루고 있는데, 이 언어는 그야말로 특수한 언어다. 이 언어는 자신을 고양시킬 필요가 있는 존재가 없음에도 불구하고 명상과 같은 신성한 공간과 자기고양이라는 공간을 창조한다. 부름에 관한 첫째 장은 오늘날까지도 서정시의 형식에 들어 있는 "저 마법적 몸짓"을 다루고 있다. 대표적인 부름의 형식인 "오"는 자주 감탄사로 오인되어 왔다. 그리고 "오" 하고 부르지 않아도 사물로서 그런 기능을 하는 것도 있는데, 대표적인 경우가 아우라를 부르는 첼란의 시 "Kerze bei kerze, Schimmer bei Schimmer, Schein bei Schein"(촛불에 촛불, 깜빡임에 깜빡임, 빛에 빛)이다(36쪽). 이것은 결국 "오 촛불이여, 오 깜빡임이여, 오 빛이여"라고 부르는 것이다. 다른 종류의 부름에는 "오소서!" 또는 "오라!"가 있다. 이는 디오니소스 신을 부를 때도 예수 그리스도를 부를 때도, 근대의 시인이 사람이나 사물을 부를 때도 쓰였다.

19세기 이후에는 냉소적이거나 난해한 시들만 있다는 비판에 저자는 그것이 그저 "의식적인 부정"일 뿐, 제의적 수단에서 벗어난 것은 아니라고 맞선다. 제의적 말하기에 대한 의식적 부정이 오히려 서정시의 생명력을 더하고 있다는 주장이다. 부정된 신성함은 서정시의 특성을 더욱 분명하게 한다. 가령 보들레르의 「주검」 같은 시의 구역

질 나는 표현들(썩은 창자)은 화려한 필치로 그려져 마치 원시적 제의에서 신들을 찬양하는 듯한 느낌을 준다. 그러므로 저자에게 결정적인 것은 "아름다운 것이냐 추한 것이냐, 사포가 표현한 영광이냐 보들레르가 보여 준 부패한 것이냐"(196쪽)가 아니다. 그에게 그보다 결정적인 것은 "두 경우 모두 일반인들이 쓰는 언어와는 거리를 둔다"는 점이다. 나아가 저자가 다루는 대상은 그저 독일 시나 그리스 로마의 시에 머물고 있지 않다. 프랑스나 영국, 나아가 미국의 시를 모두 대상에 포함하고, 고대시와 현대시를 아우른다. 그리고 그의 평가언어 또한 전통적인 이론들이나 문예학자들이 쓰는 학문적인 언어에 머물지 않는다. 그의 간결하고 투명한 문체는 (이는 이미 그의 저서 『시와 인식』, 『니체의 문체』 등에서 충분히 보여 주었다) 그 자체로 심미적 가치를 지니고 있어 하나의 예술 작품처럼 보인다. 서정시의 화행을 다루는 이 책에서 우리는 메타포가 형성되는 과정을 찾아볼 수도 있다. 이를테면 사람들이 어떤 섬을 델로스라고 이름 붙였다면 그것은 "검은 땅의 반짝이는 별"이고, 마리아를 부를 때면 "바다의 별"이라 하며, 뫼리케는 어떤 정령을 "어두운 새벽 솜털같이 가벼운 시간이여!"(75쪽)라고 부른다. 문학사의 전개과정을 구체적으로 다루고 있지 않지만 시에서 우리는 어떻게 메타포들이 생겨났는지 배우게 된다.

저자의 논거 중에 가장 뛰어난 것은 기독교 문화 속에서 이룬 압운의 승리를 꼽을 수 있다. 오늘날 랩RAP 음악이 일반화되면서 우리 언어에까지 미치는 압운(그중에서도 각운이 눈에 띄게 많이 사용된다)은 고대 그리스 시인들에게는 기껏해야 산발적으로 있었지, 근대에까지 아주 즐겨 사용했던 유럽 서정시만큼 자주 사용되지는 않았다. 중세 교부들은 제의적 춤을 중심으로 이루어진 고대의 서정시 리듬을 사탄이 하는 짓이라고 저주하였다. 그래서 그리스인들이 춤을 추면서 실제적으로 실행하였던 발동작을 모방했던 운율Metrum은 더 이상 실행되지 않았고 그냥 소리만 본뜨게 되었다. "교회는 오로지 성가들만 부르게 했으며 그런 노래를 부를 때 교인들은 조용히 서서 불렀으므로 차츰 발에서 나온 리듬의 감정 없이도 노래를 부를 수 있게 되었다. 그에 대한 대체물로 교회 궁형 천장에서 울리는 소리에 대한 감성이 발전하게 되었다. 초기 기독교가 찬송가를 돌로 된 높은 건물의 내부에서 울리게 하고, 각운을 고안해 넣고, 이런 음향효과에 언어적 형상까지 덧입혀 넣은 것은 놀랄 만한 일이 아니다."(88~89쪽)

서정적으로 각인된 신들의 언어가 현대에까지 살아남을 수 있었던 이유는 그것이 근대화의 과정에서 상실된 것들을 보상할 수 있었기 때문이다. 저자는 이렇게 말한다. "서정시 역사의 흐름 속에서 물론 서정시는 완전히 잊히지는 않았지만 그 발생 조건으로부터 차츰 멀어져 간다. 그런데 시의 어투와 형식은 그 조건들을 보존하고 있다. 이 특성들은 비밀스럽고 낯선 느낌을 주고 그 때문에 시어詩語의 원래 목적에 충실하지 않은 다음 세대에도 매력적으로 다가왔다. 1차적인 목적의 자리에 2차적인 목적이 들어선 것이다. 시의 원시성이 계몽된 세계의 실용과 논리가 아무것도 해줄 수 없는 데 대해 생각하고 느끼고 말할 욕구를 요구하고 충족시킨다. 현대인의 심리는 완전히 현대적이지 않다. 점점 빨라지는 현대화의 부당한 요구를 벗어나기 위해 집단적 기억은 사멸한 것, 폐기된 것을 되가져온다."(198쪽) 오늘날 우리는 시를 대하면서 제의적으로 사용하지도 신화적으로 믿지도 않는다. 이런 일을 가장 마지막으로 실행한 사람은 20세기 초 게오르게 동인들이었을 것이다. 그러니 결국 춤과 음악, 그리고 언어의 통일성을 추구하던 고대의 상황을 강렬하게 되새기는 저자의 드러나지 않는 주장을 추측해 보자면, 서정시는 이성적인 것이라기보다는 감성적이고 육체적으로 느끼는 어떤 메시지라는 점일 것이다. 여기서 저자의 자못 장중한 음성을 들을 수 있다. 우리는 서정시가 현대 사회에서도 제의적 축제와 같은 기능을 한다는 점을 들어야 한다. 그러니 의미를 찾아내고 운율의 유형학에 관심을 쏟는 시학 연구는 다시 한 번 도마 위에 오를 수밖에 없다. 이 책을 읽고 나면 서정시가 이루는 마법의 언어란, 폴 발레리가 말했듯이, 다시 반복되는 "지성의 축제ein Fest des Intellekts"임을 알게 된다.

이 책은 원제가 "Geistersprache-Zweck und Mittel der Lyrik"으로서 Carl Hanser 출판사에서 출판한 대본을 번역한 것이다. 이 책 역시 역자가 2011년 독일을 방문하였을 때 저자를 만난 자리에서 소개받았는데, 같은 저자의 『니체의 문체』라는 책을 번역하고 난 후 곧바로 번역하였다. 그러나 알다시피 한국에서는 이런 인문학적 깊이를 담고 있는 알토란 같은 학술서들은 출판을 거부당하기가 쉽다. 자기계발서나 참고서 아니면 소설이나 주간지 같은 것들이야 쉽게 출판되겠지만 말이다. 이런 한국의 출판 시장은 번역하는 사람의 어깨에서 힘이 빠지게 한다. 몇 군데 출판을 의뢰해 봤지만 모두 거절당했다. 그러니 이 책을 출간해 준 경북대학교출판부에 더더욱 감사하지 않을 수 없다. 이 책의 운명이 트라키아의 여인들로부터 돌팔매를 맞아 죽은 오르페우스처럼 되는 일이 없도록, 오소서, 신들이여! 그리고 "당신의 그림자를 해시계 위에 얹으시고/ 들녘엔 바람을 풀어 놓아 주소서."

2013년의 끝자락에

연구실에서

변학수

차례

GEISTERSPRACHE - Zweck und Mittel der Lyrik

들어가는 말

GEISTERSPRACHE - Zweck und Mittel der Lyrik

시인지 아닌지 우리가 금방 구별할 수는 있지만 시를 이해하기는 힘들다. 시를 노래로 부르거나 낭송하거나 묵독할 경우 그것은 분명한 특성들이 있기에 청자나 독자가 '이게 바로 시구나' 하고 금방 판단할 수 있다. 이것은 청자나 독자가 서정시라는 개념을 모르고 그 대신 노래Lied, 운문Reime, 시구Verse라고 말할 경우에도 마찬가지다. 눈과 귀는 속일 수 없어 멜로디를 붙여 노래한 것, 리듬과 울림이 눈에 띄게 반복되는 것, 행갈이를 해서 쓰여 길이가 길지 않은 것, 이것이 틀림없이 시라고 말할 것이다.

하지만 다른 문학장르와 뚜렷이 구별되는 형식을 지니고 있는 시를 왜, 그리고 무엇을 위해 말하고 쓰는지는 이해하기 어렵다. 어떤 시의 비일상적인 형식, 눈에 띄는 단어들, 구문들을 일반적 교육기관이나 국어 수업, 문학 세미나에서 다룰 경우에는 그런 시적 수단이 지니는 비이성적 역동을 결국 이성적 진술로 만들기 위해 해석할 때가 많다. 그러나 시를 읽는 일반인들은 다르다. 보통 사람들은 시를 대할 때, 읽거나 마치 노래를 부르듯 암송하는 것으로 만족한다. 경우에 따라서는 외국어로 된 시를 그렇게 암송하기도 한다. 그러면서도 시에 있는 단어들을 해석하려고 노력하지는 않는다. 그러나 특별한 종류의 텍스트로 이루어진 존재를 원래 존재했던 것처럼 여기는 시에 대한 해석 또한 인류가 오래전부터 고안하고 사용해 왔으며 또 사용하고 있는 이 시가 무엇 때문에 필요한지에 대한 대답은 하지 않는다.

18세기 이후 서정시의 기원과 과제가 무엇인가에 대한 답이 있기는 하나, 그것은 많은 소득을 얻은 만큼이나 잘못된 것이기도 하다. 이성적으로 파악되는 세계에서는 서정적 표현이 아주 비이성적으로 작용하여 사람들이 서정시의 기원과 지속을 그저 비이성적 동기, 즉 시인의 심적 상태에서만 해석하려고 들었다. 계몽주의의 심리적 시학 이론가들은 이론적 지성뿐만 아니라 실천적 오성을 혼란스럽게 만든 시의 특성들을 — 울림과 심상의 매력, 과장과 모호함의 경향성을 — 시인들에게 존재하는 감정의 분출로 설명하려 애썼다. 그 당시 사람들은 시를 "풍부한 감성적 독백"이라거나 "표현된 감성"이라 설명하였는데, 이것은 표현만 달라졌지 오늘날까지 일반적으로 받아들여지고 있다. 이에 대한 반박을 해 보자. 감정의 표현이나 체험의 묘사라면 형식에 크게 얽매이지 않는 일기나 편지, 그 이외의 다른 산문적 고백의 글이 시보다 훨씬 더 적절하다 할 수 있는 장르라 할 것이다. 서정시의 저자는 운율韻律과 압운押韻, 그리고 시연詩聯 형식이 갖고 있는 감정 없는 규칙을 지켜야 하고, 시의 제재가 말하는 초인간적 전통을 따라야 하며, 적은 시행들로 이루어진 협소한 공간에서 다 표현할 수 없는 산문적 내용을 포기해야 한다. 게다가 사랑이나 봄날의 유혹과 같은 자신의 내면적 심리상태에 대한 개별적 주체가 그 짧은 형식에서 말할 수 있는 것을 다른 산문시들도 자주 말해 왔다. 그리고 진실한 표현을 시도하기에 앞서 이미 오래전에 서정시의 관습적 도식이 존재했다.

서정시의 존재를 설명하는 데 체험과 감정으로는 충분치 않으므로 최근의 문학연구는 시의 시각적 · 청각적 형식에 얽매인, 감정이 배제된 정의를 선호한다. 하지만 시행의 배열이나 일상어와의 구별이 서정시에 대해 계몽된 의식이 제시하는 세계로부터 나온 모든 유보조건들을 충족하지는 않는다. 무엇이 사람들로 하여금 서정시의 리듬과 울림, 단어, 구성에 있어서 의무와 금지를 지키도록 하는 형식들을 찾아 보존하게 했을까? 왜 이런 강박적이고 또한 유희적인 형식들이 삶의 진지한 영역들, 이를테면 고통, 행운, 덧없음과 영원을 즐겨 말하고 있을까?

이 책은 서정시를 체험의 소산물로 이해하든, 아니면 형식으로 서술하든 이런 양자택일적 설명을 거부한다. 이 책은 서정시의 목적과 수단이라는 단순한 개념 쌍을 가지고 서정시의 본질에 접근하고자 한다. 서정시를 목적 있는 사건으로 이해하고자 하는 의도는 낯설다는 느낌을 줄 것이다. 하지만 고대로부터 전승된 시를 — 이집트와 인도의 기도문이나 히브리의 시편들, 초기 그리스의 찬가와 송가, 고고 독일어의 주문呪文을 — 읽는 자는 이들이 어느 정도, 그러나 적잖게 힘을 미친다는 것을 인정할 것이다. 신들이 자비를 베풀고, 병을 치료하고, 흉작을 막고, 적에게 원수를 갚아 준다. 그러면 사람들은 시구가 가지는 그런 효능에 대한 믿음은 오래전에 사라졌고, 서정시가 비록 목적이 없진 않다 해도 목적에서 해방된 그 무엇이 되었다고 반박할 것이다. 그 사람에게 나는 이렇게 다시 반박할 것이다. 예전의 목적들이 사라지긴 했어도 그 목적에 봉사한 수단은 사라지지 않았다고 — 그리고 이 수단들에 속하는 것은, 앞으로 살펴보게 되겠지만 눈에 띄는 언어적 형상 이상의 것이다. 하지만 서정시의 태곳적 목적을 이해하지 않고서는 오늘날까지 이어져 온 수단들을 이해할 수 없을 것이다.

이 책의 제1장은 서정시의 시작기부터 근대의 문턱에 이르기까지 거의 모든 시의 본질적 요소가 되는 부름에 대해 다룬다. "오, 영원성이여", "오, 민중들의 성스러운 심장이여", "오, 저 넓은 계곡이여, 오, 산이여", "오, 샘의 개구開口여", "하느님이여, 당신은 잠잘 때 주노니", "오, 전투여, 오라", "너는 낙원이로다". 이런 어디서나 볼 수 있는 부름의 문구들을 독자들이 간과하고 전문적인 문학 연구자들이 지나쳐 버리는 것은 이상하기도 하려니와 고쳐야 할 일이다. 우리는 그런 상투어를 일상어보다 조금 더 수식이 되어 있는, 의미 없는 서정적 언어로만 생각한다. 그러나 이런 관습적 문구에는 서정시의 원초적 목적, 즉 원래 서정시만이 가지고 있는 업적이 숨어 있는데 그것은 바로 신들에게 말을 거는 것이다. 누군가를 부르는 사람은 그로부터 무엇인가를 원한다. 부름과 함께 청원, 신원伸冤, 소원을 빎, 그리고 마찬가지로 행위를 하고 그가 부른 신들이 그것을 수행한다고 보는 다른 여러 가지 의도들이 나타난다. 그런 부름의 목적에 대한 질문은 이런 목적을 더 이상 믿지 않고 오로지 부름의 언어만 간직하고 있는 시들에 필요한 질문이다. 시를 보면 이런 부름이 없는 곳에서조차도 신을 부를 때 사용되었던 수단들, 이를테면 리듬, 음조, 심상의 요소들이 남아 있다. 하지만 실제로는 이런 수단들이 시학 서적이나 사전에 서정시 형식이라는 외형적 특성을 서술하기 위한 수단으로 서술되어 있을 뿐이다. 서정시의 발생기로 돌아가서 우리가 볼 수 있으나 이해할 수 없는 것으로 남아 있는 서정시의 토대를 보노라면, 그저 관습적인 토대일 뿐으로만 보이는 서정시의 형식들이 특별하고, 잘 고안한 통로들을 통해 초인간적 존재들과 — 영들(저자가 사용한 독일어 Geister는 Geist영(靈)의 복수로서 폭넓게 사용되고 있다. 이 책의 원제이기도 한 이 말을 우리말로는 귀신, 악령, 정령 등으로 번역할 수 있지만 앞으로는 경우에 따라 신들로 번역하거나 영들로 번역할 것이다: 옮긴이 주), 신들Götter, 물신들 — 실속 있는 관계를 맺고 있었음을 알 수 있다.

여러 가지 이유로 더 이상 신들을 믿지 않는 시대가 신들과 소통하기 위해 만든 언어로 무엇을 할 수 있는가? 그것은 존재하지 않는 신들의 언어에 적응하기 위한, 모험적이고도 결실 없는 감행이었다. 이 일은 아주 과감하고도 유혹적이어서 사람들은 이 일이 소득이 없다는 것을 알았음에도 불구하고 포기하려 하지 않았다. 그럼에도 선사시대 이후에, 그리고 선사시대의 상황(기도를 하거나 국가를 부르는 곳)이 아닌 곳에서 이 특별한 언어는 문학의 유희 방법으로 그 명맥을 유지할 수 있었다. 목적이 빛바래고 거의 망각된 채 남아 있는 수단은 서정시의 역사에서 목적 없이, 그러나 이유 없지는 않은 채 생존하고 있다. 현대 서정시는 그 개별적인 매력을 잃지는 않았지만 사회적 필연성은 상실했다. 이 급작스런 기능 상실은 순수한 문학의 징후로 미화되었다. 서정시의 오래된 역사에서는 서로 상반되는 두 가지 경향성이 충돌한다. 그것은 다름 아닌 고대의 목적 형식들을 전승하는 것과 이런 형식들을 목적에서 해방하는 것이었다. 과거에 가졌던 목적에서 벗어나는 것은 서정시에 새로운 심미적 가능성을 부여했다. 아름다운 음향, 위트, 주제의 다양성, 언어실험의 다양성이 날이 갈수록 늘어난다. 그 때문에 현대의 시들은 고대의 시에 비해 적잖은 즐거움을 준다. 그럼에도 불구하고 근대가 시를 창조적으로 생산했는지, 했다 하지만 혹시 그것이 의식적이건 무의식적이건 전근대 시대에서 시가 차지하고 있던 과업을 그대로 이어받은 것은 아닌지 하는 의구심이 든다. 근대의 시는 자율적인 예술품이 되고자 하지만 원시적 기능의 유산을 먹고 자란다. 언제든 어디서든 인간 문화를 재현하는 노래나 시들이 있기 마련이고 이들은 인간에게 고유한 욕구와 소원과 결부되어 있음에 틀림없다. 그 때문에 현재에서조차도 서정시와 같은 오래된 문학의 제도를 있게 한 동기들이 그 모습을 바꾸었을지언정 완전히 쇠퇴한 것은 아니라는 추측을 가능하게 한다.

욕구와 소원이 완전히 충족될 수 없다는 것을 우리가 다 알지만 그것들은 오래 지속된다. 오늘날까지 이런 욕구와 소원들은 고대의 시를 읽거나 현대시를 쓰거나 할 때, 말하자면 상상할 때 오히려 더 즐거움을 주는, 몰락한 과거의 사유방식이나 어법을 기억하거나, 과거의 지나간 것을 다시 반복할 때, 그리고 그런 반복에 저항해 전복을 도모할 때, 과거의 목적과 수단을 아이러니하게 만드는 무목적적 유희에 남아 있다.

1_부름

현재 전해지는 그리스 서정시 중 가장 오래된 것 중 하나인 사포의 「아프로디테 송가」는 하나의 부름, 즉 '인보카치오invocatio'(신의 이름을 부르며 예배를 시작하는 것: 옮긴이 주)로 시작된다.

> 금빛 찬란하게 눈부신 여왕 아프로디테여,
> 제우스 신의 지혜로운 딸이여, 당신에게 간절히 바라노니

여신을 부르는 것은 여신이 와서(실제로 2연에서는 "와서"라고 표현하고 있다) 사랑하는 아가씨가 자신의 사랑을 받아 주도록 도와 달라는 뜻이다. 여신을 부르는 것이 놀랄 만한 일은 아니다. 호라티우스의 시 또한 그 나름대로 필요한, 포도주로 가득 찬 옛 포도주 잔을 부른

다. "O nata mecum consule Manlio"(오, 나와 함께 만리우스 집정관 아래에서 태어난 이여!). 그리스 유골단지에 대한 키이츠의 송가도 마찬가지로 이 죽은 대상을, 마치 그것이 이 시구를 들을 수 있기라도 하는 양 부르고 있다. "Thou still unravish'd bride of quietness"(너 아직 아무도 손대지 않은 고요함의 신부여). 마치 마술을 건 듯 포도주 잔과 유골단지를 인간과 비슷한 존재로 — 하지만 인간의 존재는 아니다 — 바꾼다. 뫼리케는 그의 시선집 서문을 "오, 어두운 아침의 솜털같이 가벼운 시간이여!"라는 말로 시작한다.

이 부름이 항상 시의 서두에 오는 것이 아니라, 브렌타노의 시 「이 행들에 원숙하게 존재하는 것」에서처럼 뒤에 혹은 시의 맨 끝에 오기도 한다.

> 오, 별이여 꽃이여, 정신이여 옷이여,
> 사랑이여, 고통과 시간과 영원성이여!

이 시에서는 일련의 사물들과 개념들을 마치 신들이나 되는 것처럼 부른다. 부름의 수신자가 자주 시 안에서 바뀌기도 한다. 클롭슈토크 Friedrich Gottlieb Klopstock의 송가 「취리히 호수」는 "어머니 자연", "달콤한 환희"(곧바로 "환희의 여신"으로 불린다), "즐거운 봄", 그리고 "사랑", "경전한 태도" 그리고 "미지의 친구들"을 차례차례로 노래한다.

수메르, 이집트, 고대 인도 문화의 거의 모든 찬가와 기도는 부름으로 시작된다. 그것들은 은총을 얻기 위해 신을 부른다. "다른 모든 여신들을 지배하는 여주인이시여", 이렇게 수메르의 여신 이난나는 찬양을 받았다. "오, 헬리오폴리스에서 태어나 온 세상을 두루 다니는 자여, 저는 부정한 일을 저지르지 않았습니다" 하고 이집트 사람들은 저

승사자에게 애원했다. "영광을 받으소서, 인드라 신이여! 이제 이렇게 노래하노니, 그 가인에게 풍성한 곡식을 주소서" 하면서 리그베다(고대 인도의 경전: 옮긴이 주)에서는 사람들이 신에게 간구하였다. 기독교의 찬송가에서도 이런 부름은 낯설지 않다. "주 하나님, 당신을 찬양하노니, 당신은 영원하신 아버지시로다." 악마 또한 이런 찬양의 대열에서 빠지지 않는데 조수에 카르두치는 악마에게 그의 전복적인 찬가 「사탄에게A Satana」를 바친다.

> Te invoco, o Satana,
> Re del convito
>
> 오 사탄이여 당신을 부른다.
> 향연의 왕이여

기독교적 신을 떠나는 카르두치의 다른 시에서조차도 이 신을 다시 한 번 부른다. "잘 가거라, 유대의 우상이여!"라고. "아디오Addio"(축자적 의미는 "신에게로!")라는 이별의 인사는 이별당하는 신을 현존하게 한다. 심지어 무無라는 것도 — 이미 17세기에 얼 오브 로체스터Earl of Rochester가 시도하듯이 — 그것이 불리면 신의 위치에 들어온다. "Nothing! Thou elder brother ev'n to Shade"(무, 너 맏형이여, 심지어 그림자의!).

세속적 서정시의 어투는 상당한 정도로 종교적 모범을 따른다. 그래서 19세기까지의 거의 모든 서정시는 누구를 향하든 간에 부름을 포함하고 있다. 모든 문화와 모든 시대를 통틀어서 시에 부름이 있고 그 부름의 어법이 형성되어 있다면, 부름이 서정시의 기본적이고 특별한 과제라는 결론을 얻을 수 있다.

근대의 서정시는 근대의 오성에 낯설게 된 공식들을 사용한다. 언젠가 진지함이었던 것이 유희로 생명을 지속한다. 존 던John Donne의 시에서 찾아볼 수 있는 부름은 — 그것이 마치 신성을 갖고 있는 것처럼 — 태양이 사랑의 밤을 끝내게 한다고 그것을 업신여긴다. "Busy old fool, unruly sun"(바쁘고도 늙은 바보여, 고집 센 태양이여). 20세기의 서정시에서는 부름을 거의 찾아볼 수 없다. 그러나 이런 부름이 여전히 패러디의 모습으로는 남아 있다. 예를 들면 롤프 디터 브링크만의 시 「이탈리아 광장 찬가」에서 "O Piazza Bologna in Rom! Banca Nazionale Del/ Lavoro und Banco Di Santo Spirito"(오 로마의 볼로냐 광장이여! 나치오날레 델 라보로 은행이여 디 산토 스피리토 은행이여)(은행 이름이긴 하나 불리어진 이름에서 성령이 작용하고 있는 것 같다.) "오"는 서정시에서 고통이나 놀라움을 동반하는 감탄사가 아니라 큰소리로 이루어진, 오래 지속되는 음성을 통해 부르는 사람의 소리를 신들이 들어달라는 부름이다.

어떤 시가 부름을 포함하고 있다면 그것은 전체로서 부름이며, 이어지는 것들은 신이 자세하게 대답하는 내용이다. 사랑의 체험을 과거시제로 서술하는 괴테의 시 「만남과 이별」("Es schlug mein Herz […] Dich sah ich"(내 가슴은 뛰고 […] 너를 보았다네))에서 "신들이여"라는 부름이 있는데 거기서 말하는 사랑을 속삭인 지난 밤에 대한 이야기가 지금 이 사랑의 밤을 선사한 신들에게 감사함을 표시하는 기도로 바뀐다. 곤경의 상황에서 부른 초기 그리스의 파이안은 끝에 대부분 "이에 이에 파이안"이란 탄원의 소리로 끝나는데, 이것은 곧 전체 기도를 한마디로 요약해 파이안 신에게 보내는 것이다. 그리스 서정시의 다른 장르에서는 번제물을 보고 여자들이 비명을 지르거나 축제의 노래에 나오는, 이악코스 환호성이나 합창단의 강화된 후렴 같은 올롤뤼게들은 낭송한 말들을 부름과 묶는 일을 해낸다. "할렐루야", "호산나", "키리에 엘레이손"은 기독교 성가나 기도에서 같은 성격을 지니고 있다. 신이 듣고 또 들어 주길 바라기 때문에 상당한 크기의 소리가 필요하다. 성악과 반주는 단순한 말을 훨씬 능가한다. 이름 부르는 것을 여러 번 하는 것 또한 도움이 된다. "거울아, 거울아"(백설공주에서 왕비가 거울을 보고 하는 말: 옮긴이 주), "독일은, 독일은 모든 것을 지배한다"(나치시대 국가: 옮긴이 주).

신을 부를 때 문법적 역할들은 잘 구분되어 1격의 "나"가 호격과 3격 또는 4격의 "너"를 향한다. "나"는 "우리"로 불릴 수 있거나 집단을 대신할 수 있다. 그리고 "너Du"는 대부분 초인적인 주체다. 서정시는 존칭 "당신Sie"을 쓰지 않는다(브레히트가 나무를 "그린" 씨Herr Green로 부르며 당신이라고 한 것은 너라고 부르는 서정적 습속을 의식적으로 깨고자 함이다). 잘 교육 받은 교양인을 당신이라고 부르는 사람들에게조차 — 존경하는 군주, 축하받는 인물, 부인 — 시는 서슴지 않고 "너"라고 부른다. 이런 관습은 "당신"이라는 호칭이 없고 부름이 아직 도움이 되었던 시기를 추억하고 있다(독일 시나 기도에서 '너'라고 하지만 우리는 '당신'이라고 부르기도 한다: 옮긴이 주).

시적 말하기가 도구적 행위라는 확신이 부름을 동반하고 있다. 이런 행위는 밭을 갈고, 싸움을 하고, 치료행위를 하는 것과 같은 것인데 다만 그 도구들에서만 다를 뿐이다. 쟁기, 무기, 약의 자리에 조심스럽게 찾아낸, 리듬으로 조직된, 화려하게 꾸며 말한 또는 노래한 시구들이 있을 뿐이다. 시가詩歌들은 원래의 목적에 따르면 아름다운 소리 이상의 것이다. 이 시가들은 대상적인 성격들을 띠고 저장물로 보관되고, 특별한 기회에 끄집어내 쓴다. 시의 형식에 있어서 완전히 실제적으로 쓰였던 이 언어행위(화행)들은 부름과 연결되어 있고 그 언어행위들을 원하는 방향으로 조종한다. 대부분 시의 처음에 이미 특별한 의도가 언급된다. 그것은 이를테면 찬양, 인사, 축복, 헌정, 환영, 이별, 강녕康寧, 축성, 기도, 소원 성취, 주문呪文, 탄원, 선포, 감사, 추도, 경고, 추방, 저주 같은 것이다 — 여기에 나열한 것이 전부가 아니다. 10세기부터 20세기에 이르기까지의 독일 서정시에서 이런 언어행위들을 모아 보았다(이 모든 것은 대표적이고 쉽게 접할 수 있는 독일의 시선집 『데어 노이에 콘라디Der neue Conrady』에서 발췌했다).

찬양:
너 고귀한 샘물이여
안식과 욕망으로 가득한 너(오피츠),
인사:
아르카디아여, 반갑도다(우즈),
축복:
오 귀한 땅이여, 풍성할지어다,
내 너를 부드럽고 정감 있게 축복하노라(샤미소),
헌정:
오랫동안 내 그대를 사랑했고, 나의 기쁨을 위해
그대를 어머니라 부르리, 그리고 소박한 노래 한 편 드리리(횔덜린),
환영:
오 은빛 달이여, 어서 오라,
아름답고 고요한 밤의 운행이여!(클롭슈토크),
이별:
자! 아직 깜빡이는
와인에 취하여!

이제 안녕, 너희 사랑하는 이들이여!(케르너),

강녕康寧:

잔을 들어 세 번 건배하자!(카르쉬),

축성:

독일의 습속과 방식으로—

모든 성스런 독일인의 요람을 위하여,

후라! 전쟁대열로 가자!(프라일리히그라트),

기도:

고통의 심연에서 당신께 부르짖나이다,

주여, 부르짖는 이 소리를 들으소서(루터),

소원 성취:

사랑하는 여인이여,

신이 당신께 오늘부터 영원토록 은혜를 베푸시길!(발터 폰 데어 포겔바이데),

주문呪文:

앉아라, 앉아라, 벌아! 마리아님이 도와줄 거야/ 허락하지 않으시면 너는 숲으로 날아갈 수 없어(로르쉬의 꿀벌의 주문),

탄원:

주여, 긍휼을 베푸소서

내가 나락으로 떨어지겠나이다(브렌타노),

선포:

언젠가는 — 내가 표지를 받았나니 —

저 먼 북쪽에서 죽음의 폭풍이 오리라(리히텐슈타인),

감사:

당신께 감사하노니, 당신은

재난과 위험과 많은 고통에도
당신의 천사를 보내 지키셨도다(헤르만),

추도:

한들거리는 실측백나무가 내 무덤을 둘러쌀 때까지
너를 기억하리라(브룬),

경고:

혼이여, 그들을 잊지 말지니,
혼이여, 죽은 이들을 잊지 말지니(헵벨),

추방:

나를, 오 세상이여, 나를 내버려 두라!(뫼리케),

저주:

왕에게 저주 있으라, 부자들의 왕에게(하이네).

찬양의 언어행위에 속하는 부름에는 동사가 빠져 있어, 이름만(대부분 앞에 나오는 "오"가 붙어서) 부르는 것으로 만족하는 경우도 있다. 브렌타노의 경우에 "오 별이여 꽃이여"라고 노래한 경우나 끝까지 명사만 나열한 브링크만의 찬양하는 동시에 조롱하는 찬가에서 찾아볼 수 있다. "Pomodoro! O Sciopero! O Lire! O Scheiß!"(토마토! 오 파업! 오 리라! 오 제기랄!) 서정시의 장르는, 통상 그러하듯이 형식과 주제에 따르는 대신 그 서정시의 특수한 언어행위에 따라 더 잘 구분될 수 있다. 찬송가, 기도문, 축복의 말, 서약, 주문, 탄원, 경고 등에 따라서 말이다.

시에서 드러난 찬양과 기도와 축복과 감사의 의도들은 — 언어학에서의 화행이론에 따르면, 물론 그와 정확하게 일치하지는 않지만 — 언어행위들이라고 부른다. 이유는 그런 행동들이 말을 수행함에 있어서 완성되는 행위들이기 때문이다. 이 언어행위들은 말하는 나와 말을 거는 — 위에서 말한 사례들이 보여 주듯이 그저 불러 보는, 그러니까 꼭 대답할 의무가 없는 — 상대자를 연결한다. 시들은 일방적인 언어행위들이다. 그 이유는 이 시의 수신자가 반응을 하지 않거나 존재하지 않기 때문에 그저 '포에지'(시)로만 남을 수밖에 없기 때문이다. 실재하는 사람에 대한 일상적인 호칭과 달리 시의 언어행위 스스로 시가 불러내는 형상을 만들어 낸다.

저자는 물론 독자들도 호라티우스의 송가를 읊으며 포도주 잔을 부르는 것이 가능하다고 생각하지 않는다. 서정시에는 언어행위가 마치 ~인 것처럼의 행위Als-ob-Handlungen이다. 시는 행위들을 마치 성공의 가능성을 확신하는 것처럼 이야기한다. 아프로디테에게 간청을 하지만 그 여신은 간청을 들어주지 않는다. 아르카디아에게 인사를 하지만 실제적 장소와 환상이 섞인 풍경이 독일에서 온 인사를 받을 처지가 못 된다. 벌들에게 숲으로 날아가지 말라고 주술을 걸지만 벌들은 숲으로 날아갈 수 있다. 언어행위들이 기술된 것도 과거의 시제로(즉 이야기로: 옮긴이 주) 말해진 것도 아니다. 오히려 그것들은 바로 지금 말하는 이 순간 성취되고, 그럼에도 그 행위들의 결말이 어떻게 될지는 예상할 수 없다. 시는 사실상 성취되길 원하는 들어줌의 기적이 일어나기도 전에 끝난다. 그 때문에 언어행위들은 오직 서정시의 전형적 시제인 현재에서만 발생할 수 있다. 서정시의 실제적 수단은 구어적 표현이지 문어적 기록이 아니다.

오로지 인간만이 말을 할 수 있고 언어를 이해할 수 있다. 서정시는 이런 인류학적 경계를 넘어선다. 서정시의 부름과 언어행위들은 특별한 수신자를 향하고 있지만 그런 말을 실제적으로 들을 수 있는 인간을 향하는 일이 드물다(술자리 노래, 사냥꾼 노래, 군인모임 노래, 수공업자 노래와 축하행사에서 늘 그렇듯이). 오히려 때론 인간을 자기 모습대로 만들고, 그래서 인간의 말에 귀 기울이는 것을 넘어 땅에서 말하는 것을 하늘같이 먼 곳에서도 들을 수 있는 능력을 지닌 신들을 향하고, 분명히 아무것도 들을 수 없는 사물들이나 개념들, 이를테면 포도주 잔, 벌, 별과 꽃, 그리고 아르카디아, 조국, 미덕과 기쁨을 향하는 경우도 있다. 하게도른의 시에서는 "잃어버린 잠"에 향하기까지 한다. 그 자리에 없는 것이 있는 것으로, 귀먹은 것이 잘 듣는 것으로 표상된다. 시들은 모든 것이 신들의 세계에서 생명을 가지고 있는 것처럼 애니미즘적인 확신으로 가득 차 있다. 그리고 이 신들이야말로 시구에 귀를 기울이고 기꺼이 그것을 따라 하기까지 한다. 원시적 사유는, 그리고 시라는 틀 안에서 현재에도 유효한 사유는 물질, 식물, 동물, 인간, 영혼, 신들이 확연하게 구분되지 않았으며, 서로 친소 관계에 있고 내적으로 변화될 수 있거나 그 때문에 같은 방식으로 말을 건넬 수 있는 것이었다. 영혼과 사물이 서로 가까워지는 것이 부름의 특별한 수행이자 서정시의 일반적 과제였다. 이 부름이 부르는 소리를 듣는 자가 부르는 자의 목소리를 듣는다는 것을 정말로 전제하는지(사포의 「아프로디테 송가」나 고고 독일어의 벌 주술에서처럼), 시적 관습에 힘입어 그 부름이 조국이나 미덕을 신적인 명예로움으로 고양되기를 원하는지, 그리고 그 부름이 이런 관습적 유희와 더불어 바람과 이른 아침 같은 산문적 소재를 그저 아름답게 꾸밀 뿐인지, 믿거나 믿지 않는 것의 다양한 정도 차이일 뿐, 시의 표현에서 직접 드러나지는 않는다.

시적 언어와 자연 연구에 관련된 지식은 서로 다른 길을 간다. 존 던의 동시대인이었던 리차드 바네필드Richard Barnefield의 시는 나이팅게일에게 말을 건다. "None takes pity on thy pain:/ Senseless trees, they cannot hear thee"(어느 누구도 너의 고통에 동정심이 없도다./ 감각 없는 나무들은, 그들은 네 소리를 들을 수 없어). 나이팅게일은 그것이 모든 부름의 전제조건이듯이 시인의 언어를 이해하지 못한다. 그리고 나무가 귀가 먹었다는 바네필드의 확신은 같은 시대 다른 시인 존 플레처John Fletcher가 나무를 불러내어 오르페우스인 양 이 나무들과 춤을 추는 데 장애가 되지 않는다. "All ye woods, and trees, and bowers/ […] Move your feet/To our sound"(너희 숲과 나무와 잎사귀들아/ […] 너희 발을 옮겨/ 우리의 소리를 따르라).

부름들과 언어행위들은 독특하고, 다른 사람들에게는 없는 시인의 능력을 과시한다. 그 능력이란 정신적 존재로서 세계에 있고 세계에 관한 모든 것에 말을 걸 수 있는 능력을 말한다.

시에서 부름은 다른 여러 요소들 중 개별적 요소가 아니다. 그 부름은 시에 스며들어 있고 그 시의 형상을 각인하며 그 시에 시의 통일성을 부여한다. 괴테의 시 「가니메데스」(그리스 신화에 나오는 트로야의 미소년, 여기서는 물병자리를 말한다: 옮긴이 주) 첫 연은 이렇게 시작한다.

> 아침의 섬광에서처럼
> 너는 나를 둘러싸고 타오른다,
> 봄, 내 사랑아!
> 천 겹의 사랑의 환희와 더불어
> 나의 심장으로 밀려드는 것은
> 너의 영원한 따뜻함으로 인한
> 성스러운 감정
> 끝없는 아름다움!

이 시의 내용은 그저 단순한 메시지 "나는 봄이 와서 기쁘다"란 말로 환원할 수 있다. 그러나 모든 것이 두 사람 간의 역할을 나타내는 "봄, 내 사랑아!"란 부름으로 인해 달라졌다. 두 사람이란 말을 하고 있는 '나', 즉 제우스가 사랑하여 납치한 가니메데스란 신화적 인물로 변장한 나와, 그 '나'가 부르는 봄, 즉 사랑을 베푸는 신으로 변용된 봄을 말한다. 봄이 — 기상학적 현상으로 변덕스럽고 자주 실망을 끼치든지, 다른 인접한 계절과 크게 구별되지 않는다든지 — 부름을 통해서 어떤 사람이 되자마자, 즉 이름, 얼굴과 몸을 얻자마자, 그 봄은 분명하고도 이상적인 성격을 소유하게 된다. 그 봄은 구름이 없고("아침의 섬광"), 따뜻하고("타오른다", "따뜻함"), 문명이 만든 방해의 흔적에서 해방되어("둘러싸고"), 초월적이지만("천 겹", "끝없는"), 이런 모든 완전무결함에도 스스로 느끼고 남이 감지할 수 있는 존재다. 이렇게 일견 사람과 계절 사이에 마치 그들이 그리스적 스타일로 사랑하는 청춘남녀인 것처럼 사랑이 탄생한다. 호격이 나에서 "너"로 옮겨 가는 동안 그 부름에 대답하는 욕망은 반대의 길, 즉 "너는"에서 "나를"로 진행한다. "내 사랑아!"라는 부름에서 이 두 방향들이 연합하는데, 연인은 달콤하게 그의 사랑을 고백하는 상대자를 사랑한다. 삶을 살다 보면 성장기의 반복에 대한 기쁨이 일방적이라는 것을 알 수 있다. 사람들은 그것이 날씨든, 식물이든, 짐승이든 상관없이 대한다. 하지만 계절이 사람으로 변하면 그것은 그 사람에게 바친 감정을 보답한다. 시는 의인화라는 수단으로 — 무엇을 부르든 그것은 사람이 된다 — 독자에게 혼이 없는 세계에서 영적 고향을 찾고 또 느낀다는 환영을 창조한다.

시들은 다른 문학 장르와 마찬가지로 송신자와 수신자 간의 소통으로서, 시인이 독자에게 무엇인가를 시적 형식으로 말한다고 보면 옳을 것이다. 서정시에 대한 수많은 이론들과 개개 시에 대한 헤아릴 수 없이 많은 해석들이 이 모델을 따른다. 하지만 서정시의 소통은 부름과 언어행위에서 보듯이 다른 길을 간다. 이 언어는 공공연한 연설과도 개인적인 이야기와도 비교되지 않는다. 왜냐하면 이들은 실제 존재하는 청자에게 무엇인가를 전하기 때문이다. 서정시의 소통과정은 오히려 성직자가 신도들 앞에 서서 그들을 위해 대표적으로 신을 부르는 예배와 닮았다. 성직자의 찬양과 간청은 기도를 행할 때 그저 뒤에서 성직자를 바라보는 신도들을 향한 것이 아니라 신께 향한 것이다. 이런 구도에서는 참여자가 둘이 아니라 셋이다. 이 셋이란 말하는 자, 말을 들어 줄 신, 증인이자 수혜자로서 성직자의 언어행위를 따라 하고 경우에 따라 그 언어행위를 합창으로 강화하며 함께 듣는 자들이다. 이들은 성직자가 신을 부름으로 인해 자신들에게 축복이 오길 바란다. 이렇게 하여 어떤 시의 청자나 독자는 다른 존재를 향한 부름의 직접적인 수신자가 아니라 간접적인 관찰자이다. 그러니 서정시는 다른 문학의 장르들과는 구별된다. 서사시, 드라마, 장편소설, 단편소설, 아포리즘들은 작가들이 아예 청자, 관객, 독자에게 직접 말하는 것처럼 쓴다. 말하자면 신성한 것들Numinosa이 아니라 인간적인 것들을 전하고 있다.

예외적으로 야경꾼의 노래에 있는 시구들만이 독자나 청자에게 직접 말을 하고 있다. “너희 남자들은 들어라, 그리고 말하라,/우리 종이 열시를 울렸도다!” 그러나 바로 이 돈호법 다음에 가청거리에 있는 시민이 멀리 있는 신을 부르며 이런 노래를 부른다. “하느님께서 십계명을 주셨으니;/ 우리를 그에게 복종하게 하시리라!” 그를 부르고 그에게 간청하는 것은 “주여, 당신의 은총과 권능으로 편안함 밤을 주소서!”라고 끝맺는다. 이렇게 “주님”은 야경꾼의 노래에 감동하여

"남자들을 돕는다." 인간을 호칭할 때 마티아스 클라우디우스의 「저녁노래」 또한 이와 비슷하게 구성된다. "그러니 형제들이여, 하느님의 이름으로 잠자리에 들지니라. 이 시구의 앞과 뒤에는 초월적 인격에게 말 걸기가 배치되어 있다. "하느님이여, 당신의 구원을 보게 하소서"와 "하느님이여, 우리의 벌을 면하게 하소서!" 이런 말 걸기는 말하자면 부름으로 권세를 얻어 "하느님의 이름으로" 일어나게 된다.

헌시들은 서정시적 3인 관계를 수사학적 2인 관계로 축약한다. 그 이유는 서정시가 비록 특권적이긴 하지만 실제적인 독자의 은총을 얻으려 노력하기 때문이다(그리고 이런 특권적 관계가 제3자인 독자 앞에 제시되긴 하지만). 보들레르는 「악의 꽃Les Fleurs du mal」에서 조롱하는 어투로 「독자에게」라는 시를 쓰는데 이 시는 돈호법으로 끝난다. "Hypocrite lecteur, — mon semblable, — mon frère!"(위선자 독자여, — 나의 동류, — 내 형제여!) 청자나 독자를 향한 그런 경도에는 돈호법이란 수사학적 개념이 적절하다. 이 개념은 고대 재판과정에서 유래한 것이다. 원고나 방청석에 대한 항변 어법을 나타낸다. 돈호법은 부름과 혼동되어서는 안 된다. 보이지 않고 여기에 없는 "나의 동류"가 아닌 수신자를 향한 간청의 명령형 "들으소서!"는 종종 이교도 신이나 기독교적 신을 부를 때 앞이나 뒤에 붙어 있다. 간청의 명령형이 부름을 특별히 선포하는 동안 그 명령은 목표에 이르기 위해 그 기회를 개선해야 한다. 셸리의 「서풍에 부치는 노래Ode to the West Wind」는 서풍에게 "들으라, 오, 들으라!"라고 간청한다. 이 구절이 현대 서정시에서도 다시 등장하지만 그 수신자는 다른 사람이다. 우베 콜베의 시 제목 「영시 오분 이후의 폭풍에 부치는 노래ode an den sturm nach null uhr fünf」에서는 전 시대의 문체에 나타난 부름을 짐작케 하는데, 그 폭풍이 마치 노래를 들을 수 있는 능력이 있고 들을 것이라는 상상을 하게 한다. 그러나 전통적인 "들으라!"란 말이 들어 있음에도 콜베의 노래Ode는 첫 행을 읽어 보면 이런 기대를 저버리고 만다. "들으라 폭풍이 지나가는 소리를, 들으라 내 심장이 뛰는 소리를". 이 말은 폭풍에게 하는 말이 아니라 이 시 텍스트에 귀 기울이는 인간적인 귀를 가진 상상의 청자에게 하는 말이다. 아마도 청자는 시인이 자기에게 말한 것 같다고 느낄지도 모르지만 분명한 것은 자기를 부른 것은 아니라는 점이다. 이런 형식은 계속 살아 있지만 그것의 의미는 사멸되었다.

현대 서정시에서 이런 부름들은 점차 사멸한다. 그 부름의 효과가 있으리라는 믿음이 이미 오래전에 사라졌기 때문이다. 부름이라는 서정시의 관습과 역사적 계몽의 과정 사이에 있는 모순으로부터 그 관습의 종말을 짓는 타협점들이 생겨나기 시작했다. 괴테의 시 「신적인 것」은 아직도 전통적인 부름에 잘 순응하고 있는 듯하다. "우리가 그저 예감할 뿐인,/ 알 수 없는 존재/ 고귀한 존재들에 영광 있으라!" 그러나 이런 존재들은 관념 속에서 그저 부동浮動할 뿐이다. 독자가 알 수 없고 그저 예감할 뿐인 존재들로부터 무엇을 요구하고 기다리란 말인가? 이 말은 그저 괴테의 시가 "고귀한 존재들"에 대해 말하는 것이 아니라, 그 대신 인간의 도덕적 의무를 설명하고 있다는 뜻을 전하는 것이다.

뫼리케의 경구시 「등燈에 부쳐」는 혼이 깃든 등의 형상을 부름으로 시작한다. "아직 미동도 하지 않은 채, 오 아름다운 등이여, 너는 장식하고 있구나"로 시작하지만 곧장 2인칭("너", "너의")에서 3인칭("그의", "그에게")으로 넘어간다. 그래서 마치 혼이 없는 대상을 서술하는 것에나 적합한 듯 보인다.

이 진실한 본성의 형상. 누가 있어 그를 거들떠나 보랴?
하지만 아름다운 것은 그의 내면에서만도 복되게 보이는 법.

근대에서조차 부름에 대한 서정시적 유희가 신앙 같은 진지함을 갖추고 행해졌으며, 그래서 시가 기도처럼 들리게 하려는 시도가 있었다. 릴케는 그런 시적-종교적 모호함을 누구보다 잘 이용했다. 릴케의 독자들은 "주여, 때가 왔습니다."라든가 "하느님, 당신은 위대하십니다."와 같은 도입문구들을 이미 경험한 확신으로 여기거나 그것들을 시의 언어를 믿었던 시절들에 대한 문학적 추억으로 여길 수 있었다.

하지만 이 모든 타협과 복원이 부름과 언어행위를 포기하려는 현대 서정시의 경향들을 저지할 수 없다. 아이헨도르프의 여러 시에 나타나는 그런 단절의 결과는 놀랄 만한 것인지도 모른다.

인간들의 시끌벅적한 욕망들이 조용해진다.
대지는 꿈속에서처럼 속삭인다
모든 나무들과 황홀하게
마음도 모르는 것들을,
옛 시절, 잔잔한 슬픔,
그리고 나지막한 전율이
뇌우처럼 가슴을 파고든다.

압운, 운율, 어휘가 이루는 화음은 이 시에서 통사적으로 서로 맞지 않을 뿐 아니라, 내용적으로도 서로 연관되지 않는 개개 어휘들이 무질서하게 나열된 시라는 것을 못 보게 만든다. 말하자면 화행을 통한 언어통합이 이루어지지 않는다. 아이헨도르프의 시 「저녁」은 근대 서정시의 경향들을 예고한다. 그 경향들로 단어들을 수수께끼처럼 배열하고, 언급한 대상들이 서로 맥이 통하지 않게 하고, 시의 외적 형식을 유일한 구성 원칙으로 만들었으며, 서정적 자아를 사라지게 한 것을(아마도 "마음"이라는 말에서 유추 가능하겠지만 문법적으로는 존재하지 않는다) 꼽을 수 있다. 아이헨도르프의 낭만적-근대적 구성 — 또는 해체 — 은 거의 변하지 않고 20세기 초의 아방가르드 시에서 그대로 재현되는데 트라클 같은 경우가 대표적이다.

> 영혼은 파란 봄을 침묵한다.
> 촉촉이 젖은 저녁 가지 아래에서
> 이마가 전율하며 사랑하는 이들에게 침잠한다.

전통적인 화행은 필연적으로 나, 너, 그러니까 의도를 가지고 있는 주체를 끌어댔다. 근대시는 1인칭과 2인칭의 대명사를 피한다. 그래야 언어가 스스로 텍스트에 어울리는 것처럼 보이게 될 것이다. 이미 말라르메가 어떤 목적도 추구하지 않을 뿐만 아니라 목적성이라는 뉘앙스도 모방하지 않는 절대시를 만들고 그것을 정당화했다. "순수한 작품이란 시인이 언어적으로 소멸되기를 요구하고, 시인은 낱말들에 주도권을 양도한다. 낱말들은 하나하나가 다르기 때문에 서로 충돌함으로써 운동의 상태에 놓인다." 부름이 시를 통해서 시의 바깥에 있는 어떤 것에 영향을 줄 때처럼 현대 서정시는 부름의 약속을 지키지 않는다. 그렇게 된 이상, 화행을 실행할 에너지 없이 시가 가능하다고 본 현대시를 비록 이해하기는 쉽지 않지만 그 앞의 위엄을 갖춘, 장식적인 시보다 정직하다 — 그럼에도 불구하고 현대시는 그 언어의 충일함을 그 앞의 시에서 얻었다.

서정시가 관습을 포기할 때조차도 그 관습에 대한 기억은 생생하게 살아있다. 의식적인 부정은 부정한 것을 의식 속에 담고 있다. 하지만 부름은 현대시에서 소실이라는 측면에서만 봐서는 안 된다. 부름은 수천 년의 긴 습관을 통해 독자의 기대를 새기되, 독자가 부름이 구체적으로 표현되지 않은 그 자리에서도 하나의 부름을 기대할 수 있게 했다. 부름도 화행도 포함하지 않은 아이헨도르프의 시 「저녁」은 그럼에도 불구하고 '오 대지여, 오 나무여, 오 옛 시절이여, 오 잔잔한 슬픔이여'라고 말하듯이 하나의 부름으로 이해된다. 첼란의 시 「정적의 삶」이 "Kerze bei Kerze, Schimmer bei Schimmer, Schein bei Schein"(촛불에 촛불, 깜빡임에 깜빡임, 빛에 빛)으로 시작한다면 동사가 없는 이 문장을 읽는 우리가 이 시가 불빛을 묘사하고 있을 것이라고 추측해서는 안 된다. 시의 허두에는 자주 부름이 동사 없이 오기 때문에 첼란의 시도 이 견본에 따라 이렇게 보충되어야 한다. '오 촛불이여, 오 깜빡임이여, 오 빛이여'라고. 첼란이 서정시에서 부름의 의미에 대해 얼마나 정통하게 알고 있었는지는 같은 시의 "angerufen vom Meer"(바다로부터 부름을 받아)라는 구절이 말해 준다(이때 주어와 목적어가 원래 있어야 할 자리를 바꾸어 위치한다. 즉 "입"이 바다를 부르는 것이 아니라, "바다로부터 부름을 받는다"). 어떤 대상이 시에 등장하는 순간, 그 단어들에 초인간적 아우라가 생겨나기 시작한다. 시를 경외감으로 읽는 동안 의도하지 않게 버림받은 신과 쫓겨난 신들(귀신들, 정령들)과 이들과 더불어 소용없게 된 부름들이 회귀한다.

2_ 은물恩物

아르님과 브렌타노는 『소년의 마술피리』에 「불쌍한 아이들의 거지노래」라는 제목으로 "세 천사가 달콤한 노래를 부르고 있었다"라는 민담을 싣는다(이 민담은 말러 교향곡 3번과 힌데미트의 〈화가 마티스〉로 작곡되어 나중에 다시 등장한다). 무엇을 얻고자 신을 찬양한다는 점에서 옛 판본이 낭만주의 작품보다 오히려 거지노래의 성격을 더 분명하게 보여 준다. "하느님이 그의 열두 제자들에게 주었던/ 하늘의 양식으로 그가 우리를 먹이시도다." 이 노래를 듣는 사람은 하느님께 하늘의 양식을 구하는 거지 아이들을 지상의 양식으로 배를 채워 주었을 것이다. 오늘날까지도 공현절 축제에서는 아이들이 슈테른징어(새벽송 같은 행사: 옮긴이 주)로 돌아다니며 은물을 얻으러 다닌다. 전에는 그 아이들이 이런 시구詩句로 감사를 표시했다. "사람들이 우리에게 풍성하게 주었도다./ 사랑하는 하느님이 기쁨으로 당신들과 함께할 것이니!" 사람들로부터 사람에게 전해지는 은물은 하느님의 이름으로 이루어지고 시구로 말해지는 은물이 있으면 더 쉽게 주고받을 수 있었다. 두 가지의 전제조건(하느님과 시구)은 서로 밀접하게 연관되어 있다. 비물질적인 작은 은물인 시구를 노래하면 듣는 자들로부터 노래하는 자들에게 물질적 작은 은물이 되돌아온다. 그리고 이 물질적 은물은 주는 자에게 위대한 은물, 즉 하느님의 축복을 약속한다. 「주기도문」은 모든 지상의 것들을 다스리는 절대자에게 큰 은혜를 베풀어 달라고, "우리에게 일용할 양식을 주옵소서!" 하며 간구한다. 인간은 낙원에서 죄를 짓고 난 후, 양식 부족으로 고통을 받게 되었다. 언젠가 넘쳐 났던 양식의 궁핍한 여분을 이제는 간청해야 하는 것이다. 호메로스도 이미 신들을 언급하고 그렇게 함으로써 오래된 인도-게르만적 "물질 주는 자"라는 공식을 따르고 있다. 신들로부터 양식을 간청하는 노래들은 항상 굶주림으로 위협받는 원시인들에게서도 찾아볼 수 있다. 문명의 진보가 영양 상태를 개선한 이후 사람들은 더 이상 음식을, 사냥한 짐승과 열매나 곡식을, 주기적으로 주어지도록 보호해 주었던 신들에게 간청하여 얻거나 얻을 수 있는 선물로 보지 않고, 그보다는 열심히 일하고 잘 보관한 결과로 얻을 수 있는 것이라 보았다. 그러자 그 관습은 그저 고대의 양식糧食의 서정시에만 남아 있게 되었다. 가령 추수감사절 노래나 산타클로스 노래, 성탄절 노래 같은 데 말이다("오늘은 산타클로스가 오신대요, 선물을 가지고 오신대요"). 남성들 놀이모임이나 그리스 향연의 참가자나 학생들 모임에서 음주가飮酒歌를 부를 때면 양식을 간청하는 노래가 명랑하게 울린다.

양식의 노래에는 노래하거나 말로 표현한 칭송, 한탄, 소원, 간청과 감사의 실제적 목적이 드러난다. 서정시의 전체 언어행위는 사람들이 원하는 것, 은물과 보답의 균형을 이루는 것을 표현하고 있다. 은물을 받으려는 시도에서 교환의 규칙이 적용된다 — do ut des(나는 당신이 주기 때문에 준다). 최소한 작은 은물이라도 주는 자만이 큰 은물을 받을 희망이 있을 뿐 아니라 오히려 받을 당연한 권리가 있다(두 은물 사이의 가치 차이는 감사로 — 심지어 그것이 작은 것이라도 — 보답할 수 있다). 노래로 은물의 교환이 이루어진다. 그것은 주는 자에게 은물이자 빚이다. 하지만 그것은 시장에서 여러 다른 물건들을 같은 가치로 환산해서(이것은 돈이라는 수단으로 가능하다) 서로 교환하는 것과는 다른 방식의 교환이다. 노래가 제안하는 은물의 교환에서는 비대칭적인 가치들이 서로 교환된다. 간청자는 물질적 보상을 위해 정신적 노력을 제공한다. 그의 노력은 리듬과 운율을 따르는 언어에 있고, 노래와 제의적 몸동작과 가끔씩 분장한 모습으로 이루어져 있다. 보상은 음식과 음료에 있고 들판의 곡식, 사람과 가축들의 무병장수에 있다. 가인歌人의 은물은 보답의 은물을 내려 곤궁한 인간에게 도움이 되는 전능한 자비를 베푸는 신을 칭송하는 것이다. "물질을 주는 자"가 간청을 거절하기 어렵도록 간청자는 자신들의 서원誓願이 확실한 것처럼 행동한다. "오 신들이시여! 당신들께서 우리에게 모든 것을 다른 세상에서 보내 오나니!"라고 콰키우틀 인디언들은 노래한다. 괴테의 시 한 편은(「호수 위에서」를 말한다: 옮긴이 주) 신과 비슷한 형상을 한 어머니 "자연"의 유사한 은총을 이렇게 칭송하고 있다.

그리고 신선한 양식, 새로운 피를
자유로운 세상으로부터 나는 빨아 마신다.

나를 가슴에 보듬는 자연은,

얼마나 부드럽고 얼마나 자애로운가!

사람들이 가까이 있는 사람들에게 무엇인가를 간청한다면 그것은 일상적인 말로 충분할 것이다. 그러나 신들과 정령들(우리말로는 삼신이나 귀신들 등: 옮긴이 주)들에게 간청하여 그들이 은물을 주게 하려면 의례적인 말이나 형식을 갖춘 말이 필요할 것이다. "에우헤스타이Euchesthai"란 말은 기도와 찬양이라는 그리스 말로서, 원래는 소원하다는 뜻이다. 서원은 신이 간절한 소원을 현재에 채워 주면 미래에 보답할 것이라고 신에게 약속하는 것이다. 기도는 시의 원초적인 모습이다. 기도문들은 오늘날 기도집이나 찬송가에서 의례적인 순간에 사용되기 때문에 그것을 시로 보기에는 약간 망설여진다. 서정시에 대한 오래된 문헌을 보면 시와 기도가 서로 구별되지 않았다는 것을 알 수 있다. 어떤 기도가 기교적일수록, 즉 그것이 시에 더욱 가까울수록 예술적인 면을 잘 아는 신들이 그 기도를 들어줄 기회가 더 많을 것이라고 보았다. 유대인들과 기독교인들은 구약성서에서 하느님께 다윗이 기도한 것으로 알려져 있는 시편의 시문학적 완결성을 확신했다. 시구들의 때 묻지 않은 형식은 — 이 시편을 번역할 때 재현할 수 없었던 — 전능한 수신자가 간청한 사람의 소원을 따를 수밖에 없게 한다. 시적 표현에 의지해 인색하지 않은 분으로 칭송받은 하느님에게 부탁하면 다 이루어질 것이라고 시편의 기자는 확신하고 있다. "주는 나의 목자시니 내가 부족함이 없으리로다. 그가 나를 푸른 풀밭에 누이시며 쉴 만한 물가로 인도하시는도다."

사포의 「아프로디테 송가」 또한 기도이기도 하고 동시에 시이기도 하다. 이 송가의 목적은 처녀를 유혹할 때 여신에게 도와달라고 간청하는 것이다.

> 찬란한 왕관을 쓴, 불멸의 여신 아프로디테여,
> 제우스신의 딸이여, 환영의 물레를 잣는 여신이여, 당신에게 간절히 바라노니
> 내 마음을 근심과 걱정,
> 고상함으로 괴롭히지 마소서,
> 그 대신 저의 부름에 귀 기울이사
> 오소서, 당신이 예전에 멀리서도 자비롭게
> 제 말을 들어주신 것처럼.

부름에 이어 찬양과 경탄이 따른다. "찬란한 왕관을 쓴, 불멸의 여신"의 위치에 걸맞은 아부로 여신이 자신의 간청에 관심을 갖도록 하기 위해서이다. 시적인 언어에 늘 쓰이는 과장은 간청자가 자기를 낮추면서 오직 정성을 쏟는다는 것을 보여 주기 때문에 해로울 것이 없다. 스스로 아름답기도 하고 또 아름다운 곳에 사는 여신은 ("찬란한 왕관을 쓴", "황금으로 된 성전"에서, "아름다운 목소리로 노래하는 새들을" 수레에 싣고) 아름다운 말들과 운율에 맞추어진 시연들의 조화로운 어조가 자신과 어울리는 어떤 것으로 여기므로 사람들은 여신으로부터 무엇인가 좋은 은물을 기대할 수 있게 된다. 여신이 그 전에 이미 한번 도와주었다는 것을 상기시키는 것이 유용하다. 그것은 마치 "오늘날 우리에게 일용할 양식을 주옵시고" 하며 하느님께 암시를 주어 하느님이 "오늘", 예전에 그랬던 것처럼 이 은물을 주도록 하는 것이나 마찬가지다. 반복은 사물들의 진행과정을 단순화한다. 한번 일어난 것은 다시 일어날 수 있다. 기도와 간청한 은물에 길이 닦아진

셈이다.

그러면 부름을 받은 신은 간청하는 자의 형편을 들어 보고, 그 형편이 양식인지, 그저 살아가는 데 필요한 곤궁인지, 아니면 사포와 사포의 시를 모방하는 자들의 경우처럼 실연의 아픔인지를 알게 된다. 시가 늘 다루고 있는 집단적·개인적 불행에 대한 탄원들은 공개적으로든지 비밀스럽게든지 인간이 해결할 수 없는 절망적인 상황에서 신의 구원을 바라게 된다. 이것은 특히 사랑의 동경에도 적용된다. 아프로디테나 에로스 이외에는 어느 누구도 여자 친구나 남자 친구로 하여금 사랑하게 되도록 마음을 움직일 수 없다(사람들은 기독교의 하느님을 그런 죄 짓는 욕망에 끌어들일 수 없었다. 그 때문에 기독교의 시대에는 자신만의 문제로 생각한 사랑에 빠진 자의 탄원이 더 우울하게 끝난다). 아직도 지배적인 불행으로부터 곧 이루어질 행복으로의 전환점에서 기도가 나온다.

"지금 저에게 다시 오셔서 저를 구원해 주소서/ 고통과 두려움에서"라고 사랑에 빠진 여자가 사포의 송가에서 여신에게 간청한다. 기도는 위와 아래 사이의, 하늘과 땅 사이의 교환이 가능하도록 문을 연다. 큰소리로 말한 소원이 하늘로 올라가고 소원한 은물이 하늘에서 내려온다. 그중에서도 가장 확실한 것은 주시는 신이 그 은물을 개인적으로 보내 주는 것이다. 그 때문에 많은 기도, 노래, 시는 명령형 "오소서!/ 오라!"를 시구에 첨가한다.

오소서, 창조주 영이시여, 우리에게 오소서
당신 자녀들의 마음을 찾으소서,

사랑스런 오월아 오라, 나무들을

다시 초록빛으로 물들게 할지어다.

오라, 밤의 위로여, 나이팅게일이여

오라, 세상의 위로여, 너 고요한 밤이여.

지금은 아직 멀리서 머무르는 아프로디테, 창조주 영, 사랑스런 오월, 나이팅게일과 밤이 곧 가까이 올 것이다.

"오소서!/ 오라!"는 간청은 소원이 성취되기 직전이라는 것과 하지만 그 초청이 빗나갈 수도 있다는 것을 보여 준다. 셸리의 노래Song는 "기쁨의 혼Spirit of Delight"이 오도록 "오, 오라,/ 내 마음을 한 번 더 너의 집으로 만들지라"(Oh, come,/ Make once more my heart thy home)고 간청하지만, "너는 드물게, 드물게도 오는구나"(Rarely, rarely, comest thou)라고 실망한다. 불안, 동경, 희망, 미리 상상해 보는 성공, 실패에 대한 두려움은 흔들리고 있는 시적 현재에 있어서 고양된 동기들로 작동한다. 나쁜 것은 추방되어야 한다. 그래야 좋은 것이 자리를 잡을 수 있다. 밀턴의 우의적 시 「쾌활한 사람L'allegro」은 우울함에 대한 저주로 시작한다("가라, 지긋지긋한 우울이여"(Hence, loathed Melancholy)). 그러나 이것은 환희의 신("유프로시네")과 다른 알레고리로 표현된 행복의 도착을 준비하는 데 위협이 된다. "그러나 그대 아름답고 자유로운 여신이여, 오라"(But come, thou Goddess fair and free). 정반대로 쓰여진 밀턴의 시 「우울한 사람Il Penseroso」은 우울함과 쾌활함의 위치를 서로 바꾼다. 겉모습의 기쁨은 없어지고 사색적인 우울이 환영을 받는다. "오라, 수심에 싸인 수녀여, 경건하고 순수하게"(Come, pensive Nun, devout and pure).

내쫓고 불러들이는 것은 시가 가지는 마법적 몸짓이다. 그 몸짓들의 성공에 대한 회의가 점점 커진다. 릴케의 「두이노의 비가」 제7비가에서는 천사를 부르기는 하지만 "당신은 오지 않는다. 왜냐하면 나의 부름은 항상 오로지 가는 길로만 되어 있기 때문이다"라고 하며 천사는 오는 길을 취하지 않는다는 것을 알고 있다. 그런 모순은 믿음의 말을 하는 서정시의 전통에 대해 현대적 믿지 않음의 고백이 등장함으로써 발생한다. 인간이 부름의 대상으로 초대되는 경우는 지연에 대한 불안이 더 많이 느껴진다. 슈테판 게오르게의 시 "아무 소리도 나지 않는 공원으로 오라 그리고 보라"는 두 친구가 가을의 공원에서 산보하는 것을 묘사하는 것으로 이해할 수 있을 것이다. 그러나 "오라"는 요구는 "둘이서 거닒"(게오르게의 다른 시가 말하듯이)의 약속된 행복이 아직도 이루어지지 않았다는 것을 분명히 보여 준다. 시는 이런 지연과 불확실성을 공표하는 동안 간청하는 기도가 지닌 영적 상태, 시간 구조, 언어 표현에 관여하고 있다.

서정시에 등장하는 간청문투를 보면서 사람들은 그러잖아도 오게 될 것을 무엇 때문에 간청하여 오게 하려고 하는지 이의를 제기할지도 모른다. 오월, 밤, 꾀꼬리는 "오라!"고 유혹하지 않아도 오게 되어 있다. 현대인의 의식은 인간의 의지와 상관이 없는 자연법칙들과 아프로디테나 창조자 영에게서 얻으려 하는 종교적 은총을 서로 구별한다. 그러나 원시적 의식은 그런 구별을 하지 않는다. 모든 것이 신들의 세계 속에, 그리고 위에 존재하는 한 주고받음을 통한 인간적 참여가 모든 사물의 순환을 재촉하는 데 관여할 수 있다. 그 때문에 하루의 첫 시간에 이집트의 왕은 태양신이 스스로 떠오르지 못하는 것처럼, 떠오르라고 간청한다.

떠오르라, 레 신이여!
나타나라, 케프러 신이여, 스스로 태어난 자여,
루티 신이여, 어둠에서 온 자여!

도움은 은물의 활동적 본성이다. 말, 울림, 몸짓은 인간 존재에 유익한 자연의 진행과정들을 지지한다. 특히 부활절 축제와 봄 축제에서 계절이 바뀌는 데 대한 그런 도움을 찾고 노래로 부른다. "이렇게 우리는 겨울을 추방한다네,/ 우리 도시에서 성문 밖으로". 현대시인조차도 기계적인 도구들이 그것의 마법적 도움을 무시할 수 없는 것처럼 말한다. "돌아라, 돌아라, 착한 나무 말들아" 하고 베를렌은 자신의 목마들에게 회전목마 틀 위에서 돌아가도록 말을 건다 — 사실은 기계장치가 그들을 돌리는데도 말이다. 자동적으로 돌아가는 기계에 개인적인 기여를 한다고 자신하는 시인의 언어는 기술적인 발전 뒤로 수천 년 후진해 있다. 기계를 변모한 자연물로, 변화한 자연 혼으로 보는 것이 시대착오적 시선이 갖는 시적인 매력을 만들어 냈다.

초대받은 신들이 실제적으로 — 비록 보이지는 않지만 — 오고 싶도록 그 신들에게는 가능한 한 많은 것들이 제공되어야 한다. 아름답게 꾸민 기도를 넘어 제물이나, 심지어는 그 신만을 기리기 위한 고유한 축제일 같은 것이 제공되어야 한다. 주로 음식과 음료로 만들어진 제물, 말하자면 인간들과 신들이 공동으로 펼치는 연회를 준비할 때는 그 제물의 의도를 설명하기 위한 기도가 필요하다. 위대한 플리니우스는 로마인들에게 물질적 제물보다 정신적 도구인 언어가 우위에 있다는 것을 이렇게 상기시켰다. "기도 없이는 어떤 제물도 소용없다". 라틴어 "리타레litare"란 말에는(여기서 "연도連禱"란 말이 유래했다) "간청하다"와 "제물을 바치다"란 의미가 들어 있다. 입으로는 기도를 하고, 손으로는 제물을 바치고, 발은 움직여 고난의 행렬에 참가하거나 춤을 춘다. 기도는 이렇게 제사와 관련을 맺게 되었다. 기독교의 의식은 은물의 물질적 제시와 신자들의 육체적 표현을 예배라는 상징적 해석으로 발산하면서 이런 직접적 관계를 느슨하게 한다.

고대에 제물과 기도가 결부되어 있었던 것은 선물을 줄 때 시를 함께 써 넣어 주는 전통적인 풍습에도 살아 숨 쉬고 있다. 그런 시구의 제목만 봐도 우리는 말과 사물의 관계를 알 수 있다. 작은 금목걸이와 함께, 히야신스와 함께, 아나크레온의 머리와 장미유 한 병을 넣어, 몇 개의 작은 꽃송이들을 넣어. 그러나 선물은 곧 수명이 다하지만 기도는 세월을 넘어도 살아남는다.

오로지 언어라는 수단으로만 이루어진 선물은 찬양이다. 신들은 특성이 아닌 능력의 크기에 의해 인간들과는 구별된다. 신이나 인간 모두 자신에 대한 아첨을 기꺼이 듣는다. 그리고 그 아첨을 하는 자를 잘 기억해 둔다. 신들은 아첨의 축제적 형식인 찬양을 항상 원한다. 그 찬양은 하나의 제물이기에 잘 만들어지지 않은 것은 신이 기꺼이 맛보지 않으므로 칭송받는 자의 위대함을 상기하고 동시에 그의 위상에 맞는 것이어야 한다. 찬양, 송덕, 칭송, 감사는 시가 그것들을 직접 보여 주듯이 서정시의 화행들이자 동시에 찬가의 언어 제물이다. 이런 제물들은 인간을 지배하는 신들, 신격화된 지배자, 승리한 장군과 영웅에게, 또한 생일, 결혼, 죽음 같은 특별한 상황에 임해, 평범한 사람들이 더 좋은 삶의 상태로 나아가도록 이들에게도 베풀어진다. 이런 모든 언어선물을 할 때 시인이 필요하다. "너희 하프를 잘 다루는 찬가들이여/ 그것이 신이나 반半신이 아니고 무엇이냐?" 하고 핀다로스는 자기 일에 딱 들어맞는 질문을 한다. "기림, 그것은 바로 기림이다!" 하고 릴케는 오르페우스에서 자신에까지 이르는 시인의 과제를 요약하고 있다.

찬양을 향유하는 데는 개별적이고 독특한 사물들이 쓰인다. 이 사물들은 자신의 종을 넘어서 신적이거나 왕과 같은 지위를 차지한다. 오피츠는 샘에게 "고귀한"이라는 수식어를 붙여 주고 그 샘에게 "모든 아름다운 원천의 왕자"라고 말을 건다. 이런 칭송을 듣는다면 우선 샘은 만든 자와 그것을 소유하는 자가 칭송을 받았다고 느낄 것이다. 하지만 이제 그리스의 경구시를 보면 모든 아름다운 것은 그것이 만들어진 데 대한 감사로서 칭송하는 목표를 가지고 있다는 것을 알 수 있다. 아름다움은 지상에서 신성이 발현하는 것이다. 시가 특별하게 언급하는 것, 강조하는 모든 것은 그 아름다움을 찬양하는 것이다. 바르톨트 힌리히 브로케스Barthold Hinrich Brockes는 꾀꼬리가 우는 다양한 소리를 하나하나 열거했다 — "지저귀거나 한숨을 쉰다"와 다른 14개의 다양한 종류의 소리는 "고귀한 꾀꼬리에게는 경이롭게 혼합된 소리" 이상의 것이라고 말하는데, 이는 그런 다양함이 "고귀한", "경이로운"이라는 특징으로 표현되는 것으로서, 피조물과 창조자에 대한 칭송과 같은 것이다. 브로케스가 그의 전집에 "하느님 안에서 얻은 지상의 즐거움"이라 이름을 붙인 것은 잘못되지 않은 표현이다. 시의 제목이 자주 무엇을 찬양해야 할지를 말해 준다. 알스터 강, 밤에 핀 벚꽃, 숲, 구월의 아침. 시적 천재는 칭송할 만한 것을 외형적으로 볼 때 일상적인 대상물에서 찾아낸다는 데서 그 천재성이 드러난다. 보통 사람들은 이 대상물들을 그냥 지나칠 뿐이지만 시인들은 평범한 것에 있는 기적을 시로 말하고 숭배하도록 사람들의 마음을 움직인다. 보통 사람들은 시인이 만든 시를 음유할 수 있을 뿐이다.

시들은 짧지만 — 그것들이 전하는 적은 것들에 비하면 — 언어에 큰 노력을 투자한다. 이 시들은 세련된 어휘를 얻기 위해 힘쓰고 나아가 모든 단어들을 운율이 맞게 하고 아름답게 들리도록 한다. 시는 화려하게 드러내고 일정한 말투를 유지하고 노래와 반복을 통해 말을 느린 속도로 진행시킨다. 시는 단순한 사상事象을 메타포로 바꾸고 신비롭게 하며, 많은 것을 기교적으로 말하거나 침묵함으로써 시의 의미를 파악하려는 독자가 텍스트에 대해 생각하며 오래 머물도록 한다. 앞으로 다루게 되겠지만 서정시의 이런 수단은 시를 희생 제물로 설정하려는 의도를 위해 존재한다. 비싼 것으로 포장하고 전달할 때 엄숙하게 예의를 갖추는 것은 선물의 가치를 드높인다. 인쇄술이 발달한 시대에조차 시는 간청을 선물로 포장하려는 전 시대의 과제를 지니고 있다. 오늘날까지 시집들은 다른 책들보다 화려한 장정을 한다. 시집을 사는 사람은 산문 한 쪽에 비해 글자 수가 적은데도 불구하고 시 한 쪽에 더 많은 비용을 지불한다는 것을 안다. '금테 두른 서정시'라는 다소 경멸적인 표현은 19세기에 즐겨 만든 시집의 장정을 두고 한 말이다. 이들은 광택 제자題字, 장식, 강판화, 장식 그림, 컬러 또는 금빛 테두리, 이 모든 것이 서정시를 은물로서 특별히 좋게 보이도록 했다. 현대의 종이 소모는 의례에서 찬가와 노래 부를 때 드는 고대의 시간 소모에 상응한다. 문학적으로 — 더 이상 제의적이 아니라 — 은물을 주고받는 시대에는 물론 은물이 신에 대한 제물의 의미를 크게 여기지 않는 인간들 사이로 제한된다.

시가 촉진하는 인간들과 신들 사이의 은물 교환에 시를 지을 수 있는 능력이라는 시인의 신화가 또 다른 은물로 예정되었다. 신들은 시를 짓는 능력을 소수의 사람들에게만 부여했다. 이 특별한 신의 은사가 있고서야 시인은 시를 신에게 은물로 바칠 수 있는 능력을 부여받게 되었다. 그리고 그 보답으로 모든 사람에게 배분되는 보상 은물을 받을 수 있게 되었다. 고대 인도 베다의 시구에서 시인 무르단바트는 자신이 존재하는 임무이자 이유를 이렇게 말했다. "제물을 바칠 만한 신들로부터 추방되어 나는 지금 아그니[불의 신]를 찬양한다. 나이를 먹지 않는 지체 높은 신을." 모든 사람은 제물을 바칠 수 있다. 그러나 제물의 노래는 시인만이 지을 수 있다. 신들은 제물을 좋아하고 그 때문에 시인에게 그가 필요한 것을 준다. "오딘의 은물"을 고대 북구의 시인들인 스칼데들은 그들의 능력이라고 불렀다. 음료를 통해 이들은 이 은사를 받아들였는데 이것은 히포크레네 샘에서 솟아난 물로부터 영감을 얻은 그리스 시인들과 비슷했다(근대에 술들이 — 그 안에 비밀에 싸인 "정신"이 숨어 있는 — 시적 영감의 보증된 수단으로서 신화적 음료를 대체했다). 인간들이 시를 쓰기 시작하기도 전에 이미 신은 이런 능력을 갖추고 있었다. 무당들은 꿈에서나 신 내림 상태에서 부르는 그들의 노래 속에 인간적 · 비인간적 음성들이 울려 퍼지는 것을 들을 수 있다고 믿었다. 신 내림 또한 은물이다. 코란의 장章들은 — 이는 시들로 이루어져 있는데 — 말 하나하나 모하메드에게 이 시구들을 계시했던 신에게서 온 것이다. 고전 아랍어로 이 시를 음유하는 신자는 신 스스로 만든 시구들로 신을 찬양하지만 결국 그 신에게로 은물이 되돌아간다. 고대 초기 그리스 시인들도 시를 쓸 때 신들이 영향을 미치는 것을 믿었는데 신 내림과 별반 다르지 않다. 기원전 7세기 합창단 윤무를 위해 시를 썼던 알크만Alkman은 인간에게 신들의 지혜와 아름다움을 매개하려 했던 뮤즈 신들을 불렀다.

> 뮤즈 신이여, 제우스의 딸이여, 오 칼리오페 신이시여,
> 마음에 드는 말을 주소서, 그리고 또한 화려한 축제의 찬가를 위한
> 달콤한 합창들을 만들어 주소서.

알크만의 시구들을 연주하는 합창단은 노래를 부르며 신적인 힘이 불어넣어진 말들을 반복한다. 이 말들은 신적인 말들이기 때문에 하늘과 땅 사이의 계시들을 전달하는 데 아주 잘 어울린다.

뮤즈들을 부르는 것은 곧 시적 관습이 된다. 그러나 이 관습은 도대체 어디에서 이 시인의 표현이 나왔고 그것이 무엇을 위해 쓰이는지 진지하게 대답하지 않는다. 18세기에 뮤즈들을 부르는 것은 중단되고 만다. 그곳에 천재숭배가 자리하게 된다. 그러나 천재가 선천적인 재능인지 전문적 능력인지, 심리적 소인인지는 불확실하다. '천재'는 초세계의 영감에 대한 내면세계의 대체물이다. 낭만주의의 과장 속에서 천재들은 자신에 대해, 궁극적인 자로서 신이 없어진 하늘과의 관계를 설정할, 빅토르 위고Victor Hugo가 말한 것처럼, 무한성의 제사장pointificat de l'infini을 알아보지 못한 것이라고 주장한다. 이 천재들은 그들의 시에 대해 놀라움을 갖는 독자에게 전한 것을 어떤 식으로든 하늘로부터 받았다고 생각한다. 물론 현대의 시는 신들과의 은물교환을 더 이상 필요로 하지 않는다. 하지만 우리는 언어가 언젠가 신들의 고향이었던 "무한한 것"과의 소통을 위해 어떻게 울리는지 되새겨 볼 수 있다 — 은물의 순환과정에서 자신의 특별한 위치를 칭송하기 위해 시인은 오늘날까지 자신의 작품들에 대해 사례를 받는다. 사례는 명예에 대한 선물로서(사람들이 일정한 노동을 하고 그 대가로 받는) 월급이 아니다.

기독교가 정신적인 서정시를 세속적인 시와 구별하려고 했기에 은물의 시적 체계에서 다른 대체물이 필수불가결하게 되었다. 종교의 횡포가 가하는 비난을 피하기 위해 세속적 서정시는 신의 자리에 다른 사람을 넣게 되었다. 그것이 바로 신격화된 여인이다. 음유 가인 트루바두르와 민네징어, 그리고 페트라르카 이후 시는 사랑을 가장 즐겨 노래한다. 마르틴 오피츠의 소네트는 구체적으로 신에 대한 종교적 숭앙을 여인에 대한 시적 숭앙으로 옮겼다.

> 아직 미덕이 있었을 때에 당신은
> 신으로 숭배되었을 것이다. 청년의 세계에서,
> 이렇게 당신의 미덕은 분명, 교회와 제사, 유향과 제단이었을 터.

전 시대에는, "청년의 세계에서"는 소네트가 예찬하는 여인이 "신으로 숭배"되었다. 숭배와 제물이 여인에게 유향과 제단이었을 것이다. 그야말로 신에게 고백한 것과 다른 것이었다. 그렇게 페트라트카 식으로 쓴 시에 나타난 여인의 특성과 능력은 땅에서보다 하늘에서 찾기가 쉽다. 그 여인은 아름답고, 완전하고, 멀리 있고, 순수한 정신의 감성적 외관을 갖고 있다. 그 여인은 신과 다를 바 없고 부름과 찬양과 탄원과 소원을, 그리고 간청을 받을 것이다. 하지만 그 여인은 은총을 베풀려고 마음을 움직이지는 않을 것 같다. 중세와 근세의 시인들이 그들의 독자들과 소통했던 허구의 사랑에서 은물과 제물의 교환관계가 다시 등장한다. 애인은 시인에게 영감을 주어 그가 현재 그 자리에 없는 애인에게 제3자 앞에서 시를 쓰도록 하고 그에 대해 시인은 그녀의 사랑에 대한 보답으로 시를 써 준다. 고대의 연애시는 현재 사랑을 다스리는 신에게 — 가령 그리스의 아프로디테나 로마인들의 아모르에게 — 향해 있었다. 그리고 이들은 고집 센 사랑의 대상이 마음을 바꾸도록 기도한다. 그러나 기독교의 하느님은 사랑에 관계되는 일들을 조정하는 데 전력을 다하지 않으므로 그 결과 시가 애인을 하느님의 지위에서 빼앗아가도 어찌할 수 없게 되었다.

3_다른 언어

GEISTERSPRACHE - Zweck und Mittel der Lyrik

오늘날 많은 사람들은 서정시의 언어를 낯설게 여긴다. 그들이 현대시를 이상하게 여기는 것은 일상어와는 완전히 다르게 쓰인 이 시들이 왜 필요한지, 그리고 그것들이 무슨 용도로 쓰이는지를 알 수 없기 때문이다. 시행, 각운, 고양된 어조, 불분명한 이미지들 모두가 그렇다. 이 기이함은 이유 없는 것이 아니다. 이것은 서정시의 의식적인 낯설음과 완전히 일치한다. 서정시는 실용적으로 사용되는 언어, 또 실용적인 사물과는 거리가 멀다. 서정시는 사람들 사이의 소통을 위한 수단이 아니다. 현대 사회에서 어느 누구도 시가 사람들이 고안해낸 것임을 의심하는 사람은 없다. 그러나 이런 고안이라는 가설에 시들이 그들의 고안이 아닐 것이라는 인간들의 확신이 추가되게 되었다. 서정시는 현대인들에게 신들에게 말을 걸려는, 누구나가 배워야 할 외국어, 다른 언어라는 생각을 들게 했다. 청각적으로 서정시는 일상적인 언어와는 구별되는데, 서정시가 신들의 언어와 똑같다는 믿음을 준다. 인간들이 신들과 바라는 대로 소통이 성공했다는 데 대한 증거는 물론 없다. 그러나 그 부족한 증거의 자리에 시어가 가지는 심미적 설득력이 자리하게 되었다. 그 미적 설득력이 지니는 마법은 그 서정시가 인간적 예술 이상이라는 것을 암시하고 있다. 어떤 형식이 내부적으로 일치한다면 그 형식이 전하는 내용 또한 일치하는 것 같다.

"아문-레를 위한 위대한, 그리고 비밀에 싸인 찬가, 여덟 신들이 노래하다"에서는 비록 그가 신에게서 태어났고 비밀에 싸여 있어야 하나 사람들에게 알려지는 것이 행복하고 또 사람에 의해 설명되어야 한다는 뜻이 들어 있다. 태초부터 신들은 운문으로 말을 한다. 하느님은 자기의 예언자 아모스 또는 모하메드에게 시로 계시를 한다. 둘째 번의 메르제부르크의 주문은 다음과 같은 형식으로 끝난다.

> ben zi bena, bluot zi bluoda,
> lid zi geliden, sose gelimida sin!
> 뼈에는 뼈, 피에는 피, 관절에는 관절,
> 아교로 붙인 것처럼 될지어다!

이 주문은 효능이 있다. 왜냐하면 이 주문이 첫째 번 시구에서 말하듯이 보단Wodan 신이 누구보다 먼저 말했기 때문이다. 말의 부러진 다리를 고치기 위해 이 주문을 사용하는 자는 이 주문과 함께 보단 신의 힘을 얻는다. 분명하고 기억될 수 있는 형식은 — 두운첩용, 구조가 같은 문장의 반복 — 이것이 신의 언어라는 것을 말해 주는 표시다. 이 주문을 듣고 놀라는 청자는 추측하겠지만, 인간의 말은 아마도 그런 분명한 상태로 존재하지 않을 것이다. 시는 신들의 모국어다. 그것은 인간이 다루기에는 너무 아름답다. 9세기경 오트프리트의 복음서는 시의 사용법을(독일어로는 처음으로 각운을 사용하였다) 규정하였는데, 그것은 규칙적인 시의 속도로 각운이("thie fuazi,/ zit joh thiu regula") 하느님의 법을 들을 수 있게 함으로써, 그리고 운율로 정돈된 언어가 하느님의 고유한 설교가("ist gotes selbes brediga") 되게 하였다. 그리스에서도 신이 성직자를 통해 전달한 신탁이 시로 만들어져 있다. 나중에 플루타르크는 신전 주변의 돌팔이 예언가가 부인들과 노예들에게 시구로 미래를 점쳐 주어 시가 오염되었다고 한탄했다. 만약 시가 신들의 특수한 언어라고 한다면 신을 만나기 위해서는 시를 이용하는 것이 당연한 일이었다. 겸손함이란 수신자의 언어를 선택하는 것이다. 신들은 그런 대접을 흔쾌히 받아들이고 사람들의 청을 잘 들어주곤 하였다.

그리스말 Enthusiasmos(신 안에 있다는 뜻 'entheos'에서 나온 말)는 어떤 사람의 특별한 정신적 상태를 나타내는 말로서, 그 안에 신이 살고 거기서 신이 말하는데, 비일상적인 시나 기이한 춤을 동반하고 있다는 뜻이다. 서정시의 언어가 이상하게 들린다면 그 이유는 그 언어가 신이 내린 시인의 도취에서 나왔기 때문이다. 18세기의 도취 Enthusiasmus 개념은 심리학적인 영역으로 넘어갔다. 즉, 시인은 어떤 신적인 것을 자신의 내면에서 도출하게 되었다.

그리스 신화에 따르면 헤르메스가 리라를 발명하여 아폴론 신에게 주었다고 한다. 그에 따르면 가인歌人의 악기는 신의 모델을 모방한 것이다. 거기다가 뮤즈들이 시인들을 가르쳤기 때문에 시인들은 신들의 언어가 이루는 하나하나의 표현들을 모두 알고 있다. 이렇게 하여 핀다로스는 "인간들이 델로스라고 부르는" 섬이 "올림포스 신들에게서는 깜깜한 땅 저 멀리 비추는 반짝이는 별"이라는 다른 이름을 갖고 있다고 한다. 이런 견본에 따라 판단하자면 신들의 표현법은 장중하고 이미지로 가득 차 있으며 이해하기 어렵고, 한마디로 시적이라 할 것이다. 그 결과 그와 같은 표현법을 쓰는 두 언어, 즉 신적 언어와 시적 언어를 루키아노스는 조롱하였다. 그의 풍자시 이카로메니포스Ikaromenippos에서 이야기하는 자를 올림포스 산으로 잘못 보내어 거기서 자기가 헤시오도스와 핀다로스가 부르는 노래(시구)들을 뮤즈들이 부르는 것을 듣는 장면을 그려 낸다. 핀다로스는 — 물론 농으로 말한 것이지만 — 모든 인간이 만든 시구들의 신적인 기원에 도달하였던 것이다. 횔덜린 또한 시인의 역할은 신들의 언어를 인간들에게 전하는 것이라는 점을 진지하게 받아들인다. "신들은 인간의 모든 것을 시험한다고 말한다." — 시인은 신들이 말하고 원하는 것을 들었다. 그래서 만약 시가 신들의 언어라고 한다면 인간의 말뿐 아니라 신들의 말을 아주 잘 이해하는 시인에게 통역사의 역할이 주어지는 것이다.

원시적 시에서는 신들과 영들(귀신들, 정령들: 옮긴이 주), 그리고 인간들의 요소들이 서로 섞여 있다. 서로 다른 질료로부터 이루어진 통일체가 노래를 서술한다. 이 노래에서 멜로디, 박자, 단어가 그것의 기원에 따라 구별되고 다시 같은 작품에서 연합한다. 비록 노래가 자연적인 수단을 — 이를테면 목소리, 팔다리의 동작, 식물이나 동물적 재료로 된 악기들을 — 사용하지만 이런 수단들은 아주 기교적으로 만들어져서 전체가 아주 낯선 소리를 만들어 내어 그것이 마치 다른 세계에서 온 듯, 그리고 다시 그 다른 세계로 흘러가는 듯하다. 알크만은 자신의 능력이 특별한 사건에서 연유된 것이라고 말한다. "알크만은 노래와 말을 찾았도다,/ 그가 호밀에서 비둘기 소리를 들었을 때/ 포도 농부도 그 소리를 들었고 이해했도다." 서정적-음악적 언어는 초인간적인 존재, 동물이나 신들에게 접근할 수 있는 통로를 열어준다. 황소의 울음에서조차 카르두치의 시는 시와 유사한 언어, 즐거운 찬가inno lieto를 찾아내었다.

민족지학자들의 연구에 따르면 원주민들은 귀신들을 쫓아내기 위해 그들도 잘 모르는 언어로 노래를 했다고 한다. 이들은 분명 사람들이 결코 완전히 알 수 없는 시가 지닌 신들의 언어를 이해한 것이다. 퀸틸리아누스는 로마의 제례악에 그것을 음송하는 제사장들조차 부분적으로 알 수 없는 것들이 있었다는 점을 기이하게 생각하고 있다. 이미 수메르 사람들의 종교적 찬가는 신자들에게도 낯설게 된 원시적 언어단계를 보존하고 있었다. 오늘날까지도 러시아 정교의 찬송가는 중세 불가리아어를 고수하고 있으며 가톨릭의 찬송가 또한 거의 라틴어를 고수하고 있다. 불분명한 시구를 노래하거나 음송하는 사람은 그것 때문에 혼란에 빠지는 것이 아니라 비밀의 세계에 들어가는 기분이다. 그 비밀의 힘은 치료의 언어가 필요한 자에게 알려지면 안 된다는 것에서 알 수 있다. 신들과의 소통은 인간들과의 부분적인 비非소통을 필요로 한다. 사라 키르쉬Sarah Kirsch는 자신의 시집 『주문』 신간 커버 텍스트에 이 시들을 누가 읽으라고 썼느냐에 대해 다음과 같이 답하고 있다. "나는 마녀들이 있다면 이 시들을 전문서적으로 사용할 수 있다고 본다."

언어 변화로 인해 언젠가는 이해되었던 많은 시구들이 낡은 것이 되어 더 이상 통용되지 않게 되었다. 18세기 러시아로 이주하였던 독일 유민들은 독일 노래의 라틴어 후렴, "ubi bene ibi patria좋은 곳 그곳이 조국이다"를 "oh wie Pe- wie Petija오 페티야의 페- 처럼"로 바꿔서 불렀다. 이처럼 분명한 왜곡이 그들을 방해하지 않은 이유는 이들이 그 말들 뒤에 있는 심오한 의미를 감지할 수 있었기 때문이다. 박자 구분으로 한 단어를 독립적인 음절로 구분하거나 반대로 많은 단어들을 한 단위의 단어로 연결시키는 노래는 텍스트의 이해를 어렵게 하여 내용에도 어떤 영향을 미친다. 메히틸데 리히노프스키Mechtilde Lichnowsky는 네 살 때 어머니가 불러 준 노래 "압쉬두"(이별이란 뜻: 옮긴이 주)를 좋아했고 그 소리가 텍스트와는 달리 이렇게 들렸다고 한다. "Die Blu — medie am Bachesrand […] beim Abschiedu gepflückt(디블루 — 메디 암 바흐슈트란트 […] 바임 압쉬두 게플뤽크트)" 이런 방식으로부터 난센스 시가 그리 멀리 놓여 있지 않다. 한스 아르프스의 『작품 0Opus Null』은 정확하게 운율과 압운의 규칙을 지키고 있다. 다만 단어들의 조합에서 아무런 의미가 발생하지 않을 뿐이다.

> Ich bin der große Derdiedas
> das rigorose Regiment
> der Ozonstengel prima Qua
> der anonyme Einprozent.

> 나는 위대한 데어디다스(독일어의 정관사 남성, 여성, 중성을 모아 놓은 말이다: 옮긴이 주)
> 엄격한 군대
> 오존 줄기 프리마 쿠아
> 이름 없는 일퍼센트

모든 노래에는 의미와 무의미, 마법과 다다Dada가 서로 겹친다. 반은 이해된 채, 반은 이해되지 못한 채, 시의 언어들은 다른 음향과 의미들이 잘 알려진 단어들에 섞여 있는 영역을 넌지시 암시한다. 무엇보다 현대시가 불분명함을 의도적으로 생산한다. T. S. 엘리엇의 「황무지」와 에즈라 파운드의 「칸토스」는 시문학의 다른 언어를 개척한다. 이들은 영어로 글을 쓰면서 산스크리트어나 중국어와 같은 낯선 언어를 섞어 써서 독자들이 해독하기 어렵게 만든다. 마카로니 문학, 즉 시에서 다양한 언어들을 섞어서 만든 장난이 여기서는 진지함으로 변한다.

서정시는 그에 상응하는 일상어보다도 더 고색창연하고 더 고상한 단어들을 선호한다. '숲'이라는 말보다는 '임원林苑'이라는 말을, '말'보다는 '준마', '돈'보다는 '금', '듣다'보다는 '귀 기울이다', '타다'보다는 '불타 오르다', 'willst'(독일어 '원하다'wollen의 2인칭 현재)라는 문법적 말보다는 "willt"(willst의 비문법적 형태)(뫼리케의 「기도」라는 시에 나오는데, 문법적으로 잘못된 표현이다: 옮긴이 주)라는 비문법적 말을 선호한다. 오래된 말은 오래된 유물처럼 시가 성스러운 장소에서 성스러운 시간에, 성스러운 사건을 말하는 세계에서 나와 귀하게 쓰이고 있다. 그에 반해 시문학은 현대 일상어에서 나온 외래어나 전문용어를 피한다. 가령 Reputation평판, Oberamtmann고위공무원, benachteiligen손해를 끼치다과 같은, 소위 녹이 끼지 않은 말들Patina을 회피한다. 하이네는 자기 시대 자주 사용되었으나 서정시에서 추방당한 "차 테이블Teetisch"과 "심미적인ästhetisch"이라는 말을 도발적으로 (거기다가 눈에 띄는 각운까지 맞추어) 시에 사용했다. "차 테이블"은 일상생활 속의 비非시적인 진부함이 묻어 있고, "심미적인"이라는 말은 학문 언어의 비시적인 추상성을 갖고 있다는 이유로 회피되었다. 다시 말해 영원한 자연이나, 고대적 문화, 시를 정초하는 기초적인 어휘가 말해지는 영역이 아닌 곳에서 나온 새로운 말은 경멸을 받았다.

시인들이 시의 근원에 대한 이미지를 발견하고자 할 때마다 그들은 그 근원을 도시, 즉 문명과는 거리가 먼 곳, 이를테면 숲이나 발원지 같은 곳에 두었다. 베르길리우스의 『목가Bocolica』에서처럼 그들은 시인의 전형으로, 때묻지 않은 자연에서 예술적인 능력을 갖춘 악령들이나 목양신, 요정들을 만나 노래하는 목동들을 등장시켰다. 모든 서정시의 대부분이 문명화된 환경, 즉 도시 그리고 책상 앞에서 생성된 것이긴 하지만 그들은 거의 배타적으로 그리고 현대에 이르기까지 원시 사회의 자연적인 환경을 상상하고 있다.

모든 시는 노래되는 순간 낯설게 들린다. 서정시Lyrik란 말이 리라Lyra에서 도출되었지만 오늘날 서정시에는 음악과 노래가 배제되어 있다. 목동들이 노래경연을 약속하는 베르길리우스의 시들도 이미 들을 수 있는 시보다 읽을 수 있는 시를 겨냥하고 있다. 19세기까지만 해도 수많은 시들이 "내가 노래하노라"하고 시작하는데 그것은 실상 '내가 쓰노라'고 해야 옳을 것이다. 월트 휘트먼Walt Whitman은 자기가 쓴 시집 『풀잎』을 여는 "명문Inscriptions"의 첫 시에서 "누군가의 자아를 나는 노래 부른다" 하고 설명한다. "노래 부른다"라고 쓰여 있지만 이것은 서정시를 쓰고 인쇄한 것을, 고대에 말로 행했던 시라고 부르는 것에 지나지 않는다. 그럼에도 운문으로 만들어진 시는 더 이상 노래 부르지 않는다 해도 춤과 음악과 노래의 리듬, 말하자면 전언어적, 언어 외적 요소들을 모방한다. 시의 단어들은 그 내용에 따라 선택되고 문장에서의 기능에 따라 따로 나열될 뿐만 아니라, 그 단어들의 운율적-음악적 적응의 정도에 따라 구성된다. 이때 일차적으로는 음절의 무게가 중요하고 이차적으로 비로소 단어의 의미가 중요하다. 서정시의 운율적 기초 단위인 음절은 소리를 만들어 내고 단어만이 의미를 만들어 낸다. 시에 있는 모든 말은 두 가지 완전히 다른 규칙들에 복종하는데 그것은 운율적-음성적 규칙과 통사론적-의미론적 규칙이다.

운율이 단어들 뒤에 숨어 있지만 그것이 단어들을 지배한다. 시인이 그 단어들을 재치 있게 선택한다면 그는 마치 원하던 운율이 스스로 문장에 있는 단어들의 자연적인 위치에서 생겨나는 것처럼 이 리듬 충동을 감출 수 있다. 하이네의 시구 "Du bist wie eine Blume/ So hold und schön und rein"(너는 한 송이 꽃처럼/ 사랑스럽고 아름답고 순수하여라)은 문법적으로 완벽하지만 부수적으로 말해져서 그들의 정확한 운율적인 구조(3보의 약강격 여성운과 남성운이 교차함)가 거의 감지되지 못할 정도다. 갈등의 상황일 경우에 와서야 운율과 단어가 다른 체계에, 즉 의미를 띠지 않는 음악과 의미를 띠는 언어에 속한다는 것을 알 수 있다. 괴테 자신도 필요할 경우, 한 음절을 더 추가하거나("abegewendet", 원래는 abgewendet: 옮긴이 주) 한 음절을 뺀다("Dämmrung", 원래는 Dämmerung: 옮긴이 주). 시들은 운율을 살리기 위해 익숙한 것과는 다른 단어에 강세를 주는 경우가 많다. C. F. 마이어의 「로마의 샘」을 처음으로 읽는 사람은 "Auf steigt der Strahl"을 읽을 때 첫 음절에 강세를 준다. 그러나 시를 읽다 보면 두 번째 음절에 강세를 주어야 한다는 것을 깨닫게 된다.

시에서는 음절을 헤아리지, 단어를 헤아리지 않으므로 운각은 여러 개의 단어들을 하나의 운율 단위로 파악하거나, 한 단어를 두 개 내지 세 개의 단위로 나눈다. 실러의 시 "Wähle nicht die Fliehende zum Freund"(도망가는 자들은 친구로 삼지 말라)는 내부에서 일어나는 운율적 강세에 따라 분류해 보면 "Wähle nichtdie Fliehen dezum Freund"라고 들리는데 — 앞에서 언급하였던 네 살짜리 메히틸데 리히노프스키는 이렇게 엄마가 들려준 노랫소리로 들었을 것이다. 초기 그리스 서정시에서는 두 개의 시연 사이의 경계가 심지어 한 단어를 나누어서 통과하는 것도 있다. 서정시는 제의에 사용하기 위해 단어들을 운율로 모으고 그 단어들을 언어 외적인 질서의 힘, 즉 더 높은 언어 위계인 운율에 순응하도록 만든다. 시에서 운율과 압운의 틀에 어울리도록 단어들의 필요한 음절을 원하는 자리에 갖다 두려는 시인들의 시도는 종종 즐거움을 준다. 링겔나츠Ringelnatz는 「연대Regiment」라는 시에서 "Faltet die Fahnen ent!"('국기를 펴라!'라는 말인데 'entfalten 펴다'은 독일어에서 비분리 동사이므로 ent가 따로 떨어져 나올 수 없다: 옮긴이 주)라고 쓰고 있다. 민요의 끝 연에는 사전에서 자주 찾아볼 수 없는 음절들의 조합이 오는 경우가 많다. 이들은 음악의 음향과 리듬을 모방한 것이다. "heidi heida(하이디 하이다)", "fidiralala, fidiralala, fidiralalalala(피디랄랄라, 피디랄랄라, 피디랄랄랄랄라)", "Juchhe! Juchhe!/ Juchheisa! Heisa! He!(유헤! 유헤!/ 유헤이사! 헤이사! 헤!)" 현대 아방가르드 서정시가 의미 있는 것을 알리려는 단어들의 과제로부터 해방되었다고 느낀 최초의 시도가 아니었다.

시를 낭송하는 자는 단어들의 사전적 중요도를 따르는 '자연적인' 강세와 운각의 박자를 재현하는 운율적 낭독 사이에서 오락가락한다. 오늘날 시를 모르는 사람들이나 문예학자들, 전문적인 시인들은 시를 산문처럼 읽는다. 이들은 예전의 사람들처럼 운문으로 화려한 억양을 가지고 읽는 것을 꺼린다. 하지만 20세기 초의 음성기록물을 살펴보면 그 당시에 시인들이나 낭독자들은 시어의 독특함을 연도連禱식으로, 거의 노래하는 수준으로 낭독했다는 것을 알 수 있다. 고대 문화에서는 시구를 낭독할 때 강세를 준 리듬을 따르는 낭독이 일반적이었다. 그러나 그것을 우리는 오늘날 어린아이들에게서만 찾아볼 수 있다. 일상적인 어투와 구별되는 운율적 어투는 들을 수 있는 것이다. 이미 언어 템포에서 시와 산문은 구별된다. 휴지부, 반복, 낭송하기 전후의 머뭇거림, 모음에 오래 머무는 것으로 인하여 말할 때 몇 초 안에 읽을 수도 있는 서정시 텍스트는 늘어진다. 그것이 노래로 불릴 때는 더 오랜 시간을 필요로 한다. 내적 음송이라 할 수 있는 묵독에서조차 시는 산문을 읽거나 낭송하는 것보다 더 많은 시간을 소모한다. 평상시의 말에서는 평균적으로 1초 정도의 강조가 있다고 보면 서정시를 시답게 더 천천히 낭송하는 데는 같은 분량의 텍스트에 더 많은 강세가 따른다. 그 때문에 시에서는 모든 낱말, 모든 음절이 큰 중량감을 갖는다. 브렌타노의 시 「오 별이여 꽃이여」의 마지막 단어 "Ewigkeit영원"는 일상어로 말할 때와는 달리 두 개의 강세가 있다. 이 강세가 이 개념의 지속, 무게, 의미를 고양시키고 있다. 앞에서 인용한 실러의 "Fliehende"도 마찬가지로 일상적인 발음과는 달리 1음절과 3음절에 강세를 주어야 한다. 모든 단어는 그것이 시에 등장하는 순간 그 음성적 특성과 의미론적 상태가 바뀐다.

"오 별이여 꽃이여, 정신이여 옷이여"에서 이 모든 것들은 개개의 별을, 특정한 꽃을 의미하는가? 아니면 총체적 별들과 꽃들을 말하는가? 그것도 아니면 별과 꽃의 개념이나 그들의 이념을 말하는가? 어떤 실제적인 그리고 논리적인 규정도 브렌타노의 시에 맞지 않는다. 그 어떤 사전적 정의도 맞지 않는 곳에서 단어들은 정상적이지 않은 관계를 서로 만들어 낸다. 별과 꽃은 — 이 두 가지는 각자 자신들의 환경에서 반짝이는 것들이다 — 서로 닮아가기 시작한다(많은 꽃들은 말 그대로는 과꽃인데 '별'이라 불린다. 그리고 별들을 사람들은 '하늘의 꽃들'이라 부른다). 별은 다시 정신과 결합한다(신화를 보면 별에 많은 신들과 반半신이 산다). 꽃은 옷과 결합한다(옷은 꽃이나 꽃문양으로 장식된다. 그리고 거꾸로 자연의 '식물 옷'이라는 말을 쓰기도 한다). 이 말들은 쌍을 이루며 남성적인 특성들과(별, 정신 — 전통적인 가부장적 관념을 따른다) 여성적인 특성들을(꽃, 옷, 많은 여성들의 이름은 꽃에서 나왔다) 지니고 있다. 규칙적인 강세와 대칭적인 배열은 강조한 네 개의 명사를 비슷한 것으로 보이게 하고 서로 비교할 수 있도록 만들었다. 두 단어들이 지니는 아주 우연한 문법적인 특징들(der Stern별은 남성, die Blume꽃는 여성)에서 서정적 언어 사용은 불길한 부수의미까지도 느끼게 한다. 이런 의미는 해석자들이 텍스트의 의미와 숨겨진 의미를 찾게 만든다. 이런 일상어들이 새로운 — 그리고 동시에 매우 오래된 — 의미들을 분명한 구도에서 찾게 된다면 일상적 언어 사용에서 단순한 의미로 남아 있을 것은 얼마 되지 않을 것이다.

시인이 만든 그런 의미관계가 자의적으로 만들어지고 형식적인 일치 이상 아무것도 아니라는 것에는 이론의 여지가 없다. 더 깊은 의미를 띠는 것처럼 보이는 것은 유비추리의 유희일 뿐이다. 그리고 이것은 비슷한 것의 연상 작용을 만들어 낸다. 모든 개개 시인들이 행하는 이런 낭만적인 의미구성은 고대의 서정시에서도 자의적으로 이루어졌다. 다만 그때는 고도의 필연성과 집단적 성격을 필요로 했을 뿐이다. 필연적이란 것은 그저 시어가 일상어와 구별된다는 뜻이고, 필연적이 아니란 것은 시어가 일상어와 구별되지 않는다는 뜻이다. 서정시의 형식을 선택할 때 자유로운 유희가 지배적이다. 그 때문에 하나의 문화에는 다양한 종류의 노래 장르와 시 장르가 병존한다. 그로 인해 이 장르들은 지역적으로, 역사적으로, 또 문화마다 다르다. 진지하고, 거기다가 성스러운 시에서조차 유희의 동기가 있다는 것을 부정하기 힘들기 때문에 시들은 익살과 조롱, 그리고 패러디에 노출되어 있다. 어떤 규칙을 따르는 유희처럼 모든 서정시는 제한되어 있고, 질서가 있고, 반복할 수 있다. 하지만 유희는 과거에 그저 서정시의 수단일 뿐 목적이 아니었다. 신들에게 말을 걸려는 서정시의 근본적인 과제가 미심쩍게 되고 과잉된 것으로 드러나자 비로소, 현재에도 여전히 존재하고 전통적인 명망과 분명한 아름다움 때문에 보존되어 온 서정시들은 오로지 만족감에만 봉사하게 되었다.

4_이름들

고대 근동의 찬가들을 보면 부름의 대상이 된 신들에게 오로지 무수한 별칭만 붙여 만든 것이 많다는 것을 알 수 있다.

> 뜨거운 자, 권력자,
> 강한 자, 불을 만든 자,
> 하늘의 여주인, 두 나라의 지배자,
> 호루스의 눈 그리고 그의 인도자

이런 멋진 말로 이루어진 이름으로 칭송되고 숭배되는 이집트 최고의 여신에 대한 이름들이 계속해서 이어진다. 같은 분위기로 수메르의 찬가는 여신 이안나를 이렇게 칭송한다. "당신은 하늘처럼 높으므로 — 이것이 당신의 이름이요, 당신은 땅처럼 넓으므로 — 이것이 당신의 이름이라." 이 연도連禱는 13개의 다양한 이형들로 여신의 이름을 불러 나간다. 테오크리토스는 아프로디테를 "이름 많은 여신"이라 불렀다. 꾸미고 숭배하는 수없이 많은 말들은 기도하는 자의 열심을 보여 주는 것이어서 그들이 여신의 중요한 별칭과 근본적인 속성을 간과하지 않도록 만들어져야 한다. 가능한 한 많이 불러와야 할 신들의 장점과 능력들을 언급하기 위해 위대하고 아름다운 칭송의 사물들을 끌어 와서 신이 그 사물들의 당당한 소유자임을 찾아내어 다시 신에게 그것들을 별칭의 형식으로 붙여준다. 보이는 세계는 보이지 않는 신의 외부다. 신을 그의 지상에서의 현상과 관련된 이름으로 부르는 자는 이 이름으로 그들의 신적인 특성을 투명하게 보여 준다. 서정적 부름은 이름이 가지는 물질적 중량감의 모습을 해방하여 신의 메타포로 변화시킨다. 이런 이중적 움직임은 — 신적인 이름을 감성적 현상으로 연장하는 것과, 그런 현상을 그 현상의 정신적 지주에 결부시키는 것은 — 메타포의 제의적 과제이고 거기에서 제의적 근원을 찾을 수 있을지도 모른다.

신과 영들의 진실한 이름을 아는 자는 그들에 대한 힘을 갖거나, 최소한 그들에 영향을 미칠 수 있다. 하지만 야훼나 그와 같은 신들은 이야기가 룸펠슈틸츠헨(그림동화에 나오는 난쟁이로, 공주에게 자기 이름을 맞추면 아이를 데려가지 않겠다고 말한다: 옮긴이 주)처럼 되어 가는 것을 원하지 않는다. "Gott신, 하느님"조차도 이름이 아니라 종속種屬의 표기다. 그래서 이 말을 여러 다른 말에서 다르게 표기한다. 만약 사람들이 그의 진짜 이름을 안다면 모든 언어에서 같아야 할 것이다. 분명한 것은 고대의 신들은 고정된 이름을 가지고 있었다는 점이다. 그러나 이들 신 각자가 그렇게 다양한 이름으로 불리어서 다신교 문화에서는 일상적으로 쓰는 주된 이름이 그저 빨리 알아볼 수 있도록 하기 위해 별칭으로 불려진 것이다. 이것은 로마 신들과 그리스 신들에게 각각 메르쿠어-헤르메스, 베누스-아프로디테와 같이 다른 이름이 붙여졌다는 것을 보면 알 수 있다. 이런 이름들조차도 그저 의식적인 변경 또는 잘 알 수 없이 붙여진 이름들이다. 알다시피 "아프로디테"는 거품에서 태어난 자, "메르쿠어"는 장사 잘하는 자mercari라는 뜻이다. 사람들이 신의 진짜 이름을 모르거나 어떤 터부로 인하여 부를 수 없거나 하면 은유적 돌려 부르기로 피했다. 어쨌든 그들이 실제적인 이름을 다른 말로 암시하거나 그것을 모방한다면 이렇게 붙인 이름들조차도 신의 뜻에 일정한 영향을 미친다.

시편은 기독교 국가로 이루어진 유럽에 고대 근동의 습속을 전달했는데 그것은 바로 신(하느님)의 이름을 간접적으로 부르는 것이었다.

> 주여, 나의 힘이시여!
> 주여, 나의 반석이시며, 산성이시며, 나의 구원자시여,
> 나의 하느님, 내가 신뢰하는 요새이시며,
> 나의 방패요 내 구원의 산이시며 나의 피난처시여!

이런 하느님의 별칭들은 하느님의 권능의 실현이다. 그것들은 동시에 보호 받을 데 없고 약한 기도자가 피난처와 힘을 달라는 욕구를 말하는 것이다. 결국 그런 별칭들에서 신을 향한 노래의 아름다운 은유들이 생겨난다. "바다의 별이여 당신에게 경배하노니" — 여기서 "바다의 별stella maris"이라는 별칭은 마리아에 대한 경배인 "아름다운 성모"에 대한 경배 앞에 온다. 19세기에 만들어진 파더보른의 성지 순례가

에서 성모는 그 다음 "가시 없는 장미", "신이 택한 자", "비할 데 없는 백합", "고통 가운데 위로자", "모든 처녀들의 왕"이라고 지칭된다. 신적 인격은 결코 다 드러내 놓는 법이 없고 또 감춰진 이름으로 불리는 법이 없기 때문에 인간에게 감성적으로 인지될 수 있는 사물들을 수단으로 말을 걸 수 있다. 서정시의 그림 언어는 이 세상의 현상들이 저 세상의 본질과 일치한다는 것을 보여 준다. 그래서 하늘은 이안나처럼 크고 반석은 하느님처럼 강하고, 백합은 마리아처럼 순결하다. 하늘과 땅, 반석과 산, 장미와 백합 같은 이 세상의 모든 뛰어난 본질들에서 신의 비밀스런 이름이 드러난다. 이 이름은 별칭이 증명하듯 세상의 풍성함과 아름다움을 소유하고 있다. 시를 말하는 자에게는 그 어떤 소유관계를 증명하는 듯 그저 풍성하고 아름다운 단어들만이 주어져 있다. 위대함과 강함, 순결함이라는 지상의 이미지들은 사람들이 칭송하는, 하지만 그 세계에 들어갈 수 없는 천상의 공간을 지칭한다. 이런 메타포들은 인간에게 근본적으로 배제되어 있는 것을 나타낸다. 인간은 하늘처럼 클 수 없고 반석처럼 단단할 수 없으며, 백합처럼 순결할 수 없다. 신은 인간에게 항상 신적인 것들의 흔적을 찾을 수 있는 지상의 세계에서 살 수 있게 허용했다. 시가 가지고 있는 은유적 언어는 인간들로 하여금 이 은총을 기억하게 한다.

좀 더 분명히 정리하자면 다음과 같다. 시는 이름을 여러 갈래로 나눈 것이다. 다르게 표현한 것은 그 대상이 되는 신들의 명성과 지위를 고양시킨다. 신의 위대함은 그에게 주어진 이름의 수와 일치한다 — 이것은 지상의 신들이라 할 수 있는 군주들 같은 신성한 지위에도 그대로 적용된다. 칭송과 위계의 승급이 바로 시의 기본적 과제이다. 시는 이름을 수없이 다르게 표현함으로써 칭송을 받은 자들의 위력적 지배영역을 의식화하면서 명성의 위대함과 광대함을 표현할 수 있다.

근대의 서정시도 이름들을 다양하게 부르면서 고대적 방법을 잊지 않고 계승한다. 릴케의 「두이노의 비가」 제2 비가에서는 천사들에게 수많은 새로운 이름을 붙인다. 무엇보다 천사들을 "영혼의 새들", "일찍 행복을 얻은 자들", "창조의 응석받이", "피어나는 신성神性의 꽃가루,/ 빛의 마디마디, 길, 계단, 왕좌들,/ 본질로 이루어진 공간들, 기쁨으로 만들어진 방패들"이라고 명명한다. 이들은 이름인가, 칭호인가, 특성인가, 이미지인가, 은유인가, 내용인가? 서정적 말하기는 의도적으로 차이들을 없앤다. 왜냐하면 그것은 여러 단계의 해석들을 가능하게 하기 위함이지 그것을 규정하거나 제한하기 위함이 아니기 때문이다. 괴테의 시 「방랑자의 밤 노래」는 하나의 권능을 부른다. 그러나 첫 여섯 행은 그저 다른 이름들로 불리고 그와 더불어 그 권능에 대한 칭송으로 가득하다. "하늘에서 내려와,/ 모든 번민과 괴로움을 사라지게 하고" 그 사람이 누군가 하는 의구심에 대해 마치 일찍 밝히길 금지라도 하는 것처럼 마지막 두 행에 가서 대답을 한다. "달콤한 안식이여! 오라, 아 나의 가슴으로 오라!"

천사들과 그들의 알레고리의 자리에 — 천사 같고 알레고리 같은 형상들로부터 완전히 독립하지는 않은 — 연인이 들어설 수 있다. 「타라우의 안헨Annchen von Tharau」은 "나의 삶, 나의 재산이자 돈", "나의 영혼, 나의 육체, 그리고 나의 피", "나의 빛, 나의 태양", "나의 비둘기, 나의 양, 나의 닭"이라고 표현한다. 연인들의 개인 언어에 다른 사람이 그녀에게 붙인 이름보다 사랑하는 사람의 진정한 본질을 더 잘 나타낼 수 있다고 생각하는 비슷한 비밀 이름과 애칭이 들어온다. 횔덜린의 "디오티마Diotima"는 "아름다운 태양", "성스런 자", "빛", "하늘의 사자", "사랑"이라는 별칭으로 불리어 신적인 자리를 점하게 된다. 괴테의 시 「연인의 곁Nähe des Geliebten」 또한 마치 신이 부른 것처럼 사랑하는, 멀리서 동경하는 사람을 가까운 세계에서 지각할 수 있는 개별자들과 이렇게 결부시킨다.

> 태양이 바다에 미광을 비추면
>   나는 너를 생각한다 […]
> 먼 길에 먼지가 일 때
>   나는 너의 모습을 본다 […]
> 거기 파도가 거칠게 일렁일 때
>   나는 너의 소리를 듣는다.

신을 그의 세계의 겉과 속에서 인식하자는 옛 믿음의 자리에 오로지 격정적인 소원이 감각의 미혹을 불러일으켰다는 우울한 통찰이 들어서게 되었다. 이 시의 끝에서 원망법Optativ "오 당신이 여기 있다면!"이라는 고백이 발화되는데 이 인격은 신격과 달리 은유적 일치로 등장하지도, 마법화 되지도, 현재화되지도 않는다.

이름이 미치는 시적 영향은 종교적 서정성에 제한되어 있지 않다. 브렌타노의 시 "오 별이여 꽃이여, 정신이여 옷이여"에서 네 개의 명사가 갖는 물리적 특성들은 서로 들어맞지 않는다. 위대한 것과 사소한 것, 구체적인 것과 추상적인 것, 자연적인 것과 인공적인 것이 병치되어 서 있을 뿐이다. 그러나 부름의 공식인 "오"는 서로 다른 데서 발원하는 개개의 명사들을 통일적인 종류의 본질로 만든다. "오 별이여"는 듣지 못하는 천문학의 소재인 별에게 "별"이라는 이름을 붙여주고 동시에 인간과 유사한 주체로 변화시킨다. 어떤 사물이 개념적 표현을 넘어서서 자신의 고유한 이름을 얻으면 그것은 내면성을 얻게 되고 그리하여 독립적인 본질이 된다. 사물로부터 유사한 사람이 만들어지고 그 사람들의 성격들이 서로 어울린다. 비인간적 현상들이 갖는 특성들이 인간적 모습으로 표현되는 의인화라는 개념은 이런 과정을 하찮게 여긴다. '신들림Dämonisierung'이라는 개념이 적절할 것이다. 왜냐하면 이 화체化體, Transsubstantiation(미사 중 제물인 밀떡과 포도주가 그리스도의 살과 피로 변하는 것을 말한다: 옮긴이 주)에 있어서 반은 물질이고 반은 영이며, 반은 살아 있고 반은 죽은 수많은 자웅동체가 만들어지기 때문이다. 은유적 돌려 말하기를 통해서처럼 부름을 통해서 귀신과 같은 형상들이 다른 세계에서 살아 나온다. 괴테의 「환영과 이별」이라는 시는 인간의 행동을 우주의 현상에 덧입힌다. "Der Abend wiegte schon die Erde,/ Und an den Bergen hing die Nacht"(저녁은 이미 대지를 잠재웠고,/ 산에는 밤이 걸려 있다). 저녁, 땅, 산, 밤과 같은 익숙한 경험들은 데몬으로 변화하고 변화된 형상 속에서 자연적인 구도를 혼란스럽게 한다. 저녁은, 그렇지 않으면 하루의 경계일 뿐이지만 여기서 위력적 양상을 띠고 있어 땅을 팔에 안고 아기 재우듯 한다. 저녁과 같은 차원에서 볼 수 있는 밤은 그에 반해 축소되어 땅의 제한된 영역인 산들이 그 밤을 받아들일 수 있게 만들었다. 말하자면 땅은 한 행에서 아주 작은 것으로, 다른 행에서는 아주 큰 것으로 묘사되었는데, 은유적으로 사용된 동사 'wiegen 잠재우다'과 'hängen걸려 있다'은 그 땅을 저녁의 아이로 보느냐 밤의 숙소로 보느냐에 따라 다르다. 「환영과 이별」이라는 시에서의 악령에 대한 경악은 — "Wo Finsterniss aus dem Gesträuche/ Mit hundert schwarzen Augen sah."(관목에서 어둠이/ 백 개의 검은 눈으로 보고 있었다) — 과거 시제를 통해 완화되었다. 악령과의 만남에 대해 이야기할 수 있는 자는 그 위험을 이미 극복했다. 그러나 지금 현재에 신들과 만나는 자는 경외심을 갖고 그 영을 불러야 한다. 그래야 그들과 좋은 관계를 이룰 수 있다.

뫼리케의 시에서 보듯이 신화적 혼합체와의 만남은 그 이름을 부를 줄 알면서 쉬워진다. "Du bist Orplid, mein Land!/ Das Ferne leuchtet."(그대는 나의 땅! 오르프리트!(뫼리케가 생각한 유토피아를 말한다: 옮긴이 주)/ 멀리서 빛나고 있다). 여기서 언급되는 바일라Weyla는 여신이기 때문에 그 여신은 자기와 계보학적으로 연결되는 섬 오르프리트의 진짜 이름을 안다. 그 섬은 바일라의 "아이"이자 그 때문에 그녀의 어머니처럼 "신"이고 그 때문에 다른 여느 땅과는 달리 스스로 오르프리트라고 부르며 이 호칭이 그녀에게도 해당한다는 것을 안다. 바일라의 노래Gesang Weylas(이 시의 제목이다: 옮긴이 주)에서 인간들은 신들끼리 어떻게 부르는지 알아차릴 것이다. 이 시는 — 스스로 신화가 되면서 — 신적인 존재와 관계하고 있다는 것을 전제한다. 동시에 이 시는 — 은유가 되면서 — 그의 어법을 통해 그런 존재를 만든다. 비록 뫼리케가 "오르프리트"라는 이름을 고안했지만 그 이름은 태곳적부터 있어 왔던 것처럼 들린다. 어떤 이름이 오래될수록 그 이름은 명예롭다. 이름을 붙임으로써 어떤 사상事象이 신으로 변하는 것이 — 또는 어떤 사상에서 신의 발견이 — 브렌타노의 시에서도 비슷하게 일어나고 있다. 브렌타노가 "별"이라고 부른, 천문학적 소재로서의 별이 아니라 데몬의 혼이 깃든 별만이 꽃과 정신과 옷, 사랑, 고통, 시간, 그리고 영원성과 역동적인 관계를 맺을 수 있다. 서로 다른 사물들과 개념들이 서로 말을 걸고 듣는데, 이는 부름이 그들을 같은 것으로 취급하고 그 외에도 공통의 언어적 특성들이 언어 속에 숨어 있는 유사성을 들을 수 있게 만들기 때문이다. 우리는 여기서 "Kleid옷"와 "Leid고통", "Lieb사랑"과 "Leid고통", "Zeit시간"와 "Ewigkeit영원성" 사이에는 각운과 유음을 통한 근거리의 유사성을,

한 음절로 만들어진 "Geist정신"가 "Zeit시간", "Kleid옷", "Stern별"과 이루는 먼 거리의 유사성을 볼 수 있다.

이름은 인격의 대리자다. 일상적인 대화에서 이름은 들을 수 있는 거리에 있는 사람과 말을 하고, 그 자리엔 없더라도 그 사람에 대해 이야기할 때 사용된다. 그러나 서정시에서는 그 이름을 들을 수 없는 거리에 있는 어떤 사람과도 말을 나눌 수 있다. 그래서 이름은 멀리 있는 사람을 부르도록 길을 열어 준다. 비록 오르프리트라는 섬이 "멀리서 빛나고 있"지만 바일라의 노래는 그것을 지각한다. 부르는 사람이 말하고 서술하는 이름 속에서 멀리 떨어져 있거나 보이지 않는 수신자가 이미 와 있거나 그 존재를 지각할 수 있다. 서정시는 보이지 않는 것을 들을 수 있게 한다.

핀다로스는 올림포스의 신들이 델로스 섬을 "깜깜한 땅 저 멀리 비추는 반짝이는 별"이라고 부르는 것을 알았다. 그러니까 그는, 적어도 부분적으로 신들의 언어를 이해했다. 이 신들은 인류가 발생하기도 전에 인간에게 은유적으로 들리지만 바르고, 동시에 아름다운 이름들로 들리는 언어로 사물들의 진정한 특성들을 파악했다. 시학의 전문용어인 메타포에 대한 정의, 어떤 특성을 다른 사상에 수사적으로 '전이'하는 것이라는 의미가 시에서는 이런 인공적 고안이 아니라 "올림포스 신들"이 사용한 이름을 찾아서 예술적으로 표현한 것이다. 그렇게 찾아낸 메타포는 관습적으로 자주 사용해 온 이름, 즉 알려진 사상事象에 더 나은, 지금까지 비밀이었던 이름을 붙여 준다. 뫼리케의 시 「어느 겨울 아침, 해 뜨기 전」의 제목은 빈틈없이, 그리고 자세하게 계절과 하루의 시간을 제시한다. 그러나 시의 첫 행은 같은 시간대를 마치 신의 이름을 부르듯이 시적인 이름으로 돌려 이렇게 말한다. "오 어두운 새벽 솜털같이 가벼운 시간이여!". "어느 겨울 아침, 해 뜨기 전"이

"어두운 새벽 솜털같이 가벼운 시간"에 관계하는 것은 마치 "델로스"가 "깜깜한 땅 저 멀리 비추는 반짝이는 별"에 관계하는 것과 같다. 하나는 인간들 사이에 쓰는 이름이고, 다른 하나는 비밀스럽고 신들과 신들의 계시를 받은 시인들에게 알려진 이름이다. 시의 메타포는 영감을 얻은 이름 바꾸기이다. 이齒는 "진주", 시냇물은 "수정", 달은 "생각의 친구" 또는 "첫 번째 빛의 자매"로 다르게 불린다. 메타포의 도움으로 사물들이 새로운 이름으로 거듭나고 그 이름이 그 사물들의 가장 오래된 이름일 수 있을지도 모른다.

메타포를 만들면서 시적 언어는 진부한 것에서 숭고한 것을 발견한다.

> 그래 우리는 먹을 것이 많다
> 짚의 열매에서? 포도주의 즐거움에서?
> 겨울바람이 음식에 대한 욕구를 자극하는데
> 발에 달린 날개는 더 많은 것을 자극하도다!

클롭슈토크의 송가 「얼음지치기」에서 나온 이 시연은 단순한 상황을 바꾸어 묘사하고 있다. 얼음지치기가 끝나면 우리는 무엇인가 먹고 싶고("짚의 열매") 마시고 싶다("포도주의 즐거움"). 은유적 바꿔 쓰기는 송가를 이해하는 데 어려움을 주고, 읽기를 느리게 하고 더 깊은 의미가 무엇인지 생각해 보게 한다. 실제로 클롭슈토크는 춤을 추듯 얼음 위를 미끄러지는 것에서 그리스 서정시의 춤 리듬을 북유럽에 맞는 리듬으로 대체하려 애썼다. 얼음지치기에 필요한 스케이트를 시적으로 나타내는 것 또한 원시적으로 재현한다. 그것은 마치 고대 신화시대에 스케이트가 "발에 달린 날개"라고 불린 것처럼 행하고 있다.

지금까지의 정의에 따르면 메타포란 어떤 단어를 다른 단어로 대체하는 것을 말하는데, 이 단어는 익숙한 상상 영역에서 나와서 익숙하지 않은 영역으로 옮겨 간다. 그러나 메타포들은 언어 유희 이상의 것이다. 새로운 단어는 외관상 알려진, 제한된 대상에게 새로운 더 큰 영역을 열어 준다. 그리고 이 과정에서 다른 이름들이 신성의 힘과 담당영역을 확장한다. 메타포 형성의 과정은 결코 정지하지 않는다. 더욱 새로워진 단어들은 새로운 단어들조차 익숙해짐으로써 의식적인 메타포란 특성을 잃어버릴 것만 같으면 물리친다. 우리 일상어 중 많은 것들에 예전의 메타포가 숨어 있지만 누가 "Tageslauf일정"(하루가 달려감이란 뜻: 옮긴이 주)에서 달려가는 날을 볼 것이며, "Entdeckung 발견"(뚜껑을 열다는 뜻: 옮긴이 주)에서 빠진 뚜껑을 볼 것이며, "nahezu거의"(몸으로 가까이 다가감이란 뜻: 옮긴이 주)에서 육체적 접근을 찾을 것인가? 은유적 언어를 새로이 하는 것은 시인의 과제다. 시인이 무의식에 가라앉은 은유들을 다시 의식으로 건져 낸다면 그것도 스스로 새롭게 되는 것이다. 릴케의 「오르페우스에게 바치는 소네트」 중의 하나가 만드는 "과육으로부터 깜짝 놀라 떨어져 나온/ 발견물들"(Funde,/ aus dem Fruchtfleisch überrascht befreit)은 은유적인, 그러나 생각 없이 사용한 과일의 "육체"에서 다시 그의 첫, 동물적인 의미를 발견한다.

인간 자신도 시적 메타포를 통해 신들의 위대함으로 확장될 수 있다. "그리고 나의 영혼은/ 날개를 활짝 펴고"(아이헨도르프의 「달밤」이라는 시에서 나온 구절: 옮긴이 주) 반은 새이고 반은 천사이고 그럼에도 인간인 이상한 존재는 하늘을 날도록 묘사되어 있다. 클롭슈토크의 친구들도 마찬가지로 "날개"를 달고 얼음판 위를 날아간다. 우리가 "날개" 같은 메타포들을 진지하게 받아들이면 다른 세계로 날아갈 수 있다. 그곳은 이 세상의 저쪽과 저 세상의 이쪽이라는 중간 영역이며 여기에서 보통은 분리되어 있던 세계가 합일된다. 종달새에게 쓴 윌리엄 워즈워스의 시 「종달새에게To a Sky-Lark」에서는 새와 사람, 구름과 노래가 섞인 이상한 혼합적인 존재가 생겨난다.

> Up with me! Up with me into the clouds!
> For thy song, Lark, is strong
>
> 나와 오르자! 나와 구름 속으로 오르자!
> 그것은 종달새, 너의 노래가 강하기 때문이다.

뫼리케의 시도 주문처럼 변신을 꾀한다. "구름은 내 날개가 된다." 메타포는 사물들의 공통적인 정신의 실체를 발견했다고 주장한다. 시적 부름은 메타포를 어떤 저항하는 물질에 저항 받지 않은 채, 그 먼 거리를 뒤로 하고 서로 만나게 한다. 구름은 날개와 서로 어울려 둘이 함께 영적인 힘을 얻어 영혼의 조력자가 된다. 연합하여 그들은 이제 유일한 하나의 형상으로 용해되어 그 공기같이 가벼운 길을 떠난다.

> Oh! sur les ailes dans les nues
> Laissez-moi fuir! […]
> Laissez-moi fuir vers d'autres mondes
>
> 오 구름의 날개 위에서
> 날아가리라! […]
> 다른 세계로 날아가리라

빅토르 위고의 이 시에서도 시인과 구름과 날개가 서로 혼합되어 먼 나라로 여행을 떠난다. 고대에서 이미 사람들은 시인을 무당들로서의 과거를 상기하며 "날개 단 존재"라고 불렀다. 시인의 시는 워즈워스의 종달새처럼 하늘의 공간으로 날아오른다. 메타포 자체가 날개라고 부를 수 있다. 그리고 그 날개는 인간과 신, 사물과 정신 사이의 큰 간극을 날아갈 때처럼 극복한다.

운율과 압운은 현대시에서 거의 역할을 하지 못한다. 그것을 무마하기 위해 메타포의, 무엇보다 어렵고 불분명한 메타포의 수와 무게가 증가한다. 자기 딸의 부채 위에 쓴 말라르메의 시 「다른 부채Autre Éventail」에서 날개에 관한 옛 이미지가 반복되는데 그것이 한꺼번에 너무 많은 것을 의미하기 때문에 그 의미는 쉽게 해독할 수 없다.

O rêveuse, pour que je plonge
Au pur délice sans chemin,
Sache, par un subtil mensonge,
Garder mon aile dans ta main.

오 꿈꾸는 여인이여, 길도 없는 순수한
기쁨으로 빠져들도록
교묘한 거짓으로
네 손안에 나의 날개를 간직할 줄 알아 다오.

"날개"에서 부채의 형식과 소녀가 부채를 부치는 양식이 표현된다. 그 외에도 그것은 "꿈꾸는 자"가 날아다니는 백일몽에 하나의 이미지를 제공한다. 날개는 시의 후반에서 말하듯이 정처 없는 곳으로의 "하얀 비상ce blanc vol"을 돕는다. 그 이외에도 아마 "날개aile"는 시인의 상상이자 시 자체를 의미하는 깃털을 표현하는 다른 말일 것이다. 이것은 이미 클롭슈토크, 워즈워스, 아이헨도르프, 뫼리케, 위고가 표현한 날개와 비슷한 맥락에서 쓰였다. 부채(프랑스 말로 éventail의 'vent'는 바람에서 나온 것이다), 날개, 비상, 꿈꾸는 자는 모두 이름 없는 절대자의 별칭들로서 신을 떠난 그리고 신과 동격이 된 시가 돌려 쓴 말이다.

운율과 압운은 분명하게 규정하고 이름을 붙일 수 있다. 그러나 메타포는 다의적이며 해석을 요한다. 시의 자의적 메타포가 늘어나는 만큼 시들의 자의적 해석도 늘어나고 있다. 그러나 해석의 과제는 모든 메타포를 향하고 있다. 말하자면 메타포는 해석되기를 원하고 있다. 태초부터 이미지 언어나 폐쇄된 밀어密語는 실제 뜻한 말로 번역되었어야 했다. 헤로도토스Herodotos는 망명에서 돌아온 페이시스트라토스Peisistratos에게 아테네와 전쟁을 하기 전에 어떤 점쟁이가 헥사메터로 신들의 주문을 알려 주었다고 기록하고 있다. "이미 낚싯바늘이 던져졌고 그물이 펼쳐졌다,/ 참치들이 달빛 아래 낚시로 그물로 몰려든다." 페이시스트라토스는 이 불분명한 이미지를 공격하라는 메타포로 이해했다. 그리고 그가 그것을 잘 해석했기 때문에 승리했다. 정치적 곤경 때 그리스의 전략가가 이룩한 것을 얻으려고 근대의 문헌학자는 진력을 다하지만 그것은 그 전 시대에 비해 아무런 실제적 이해관계가 없는 일, 즉 시문학적 언어의 바른 해석일 뿐이었다. 그러나 그 해석은 여전히 이해하기 어려운 표현들에는, 개인의 삶이나 모든 사람의 삶에 큰 영향을 미칠 수도 있는, 의미심장한 진리가 숨어 있을 거라는 생각을 견지한다. 이 전제조건은 해석자들을 자주 사색과 명상으로 이끌고 간다.

시를 해석하는 사람은 음향, 운율과 단어들에 가능한 의미를 부여하고 그것을 유일한, 폐쇄적으로 만들어 놓은 메타포로 본다. 이런 의미구성의 과정은 텍스트에 있는 어떤 단어도 의심할 여지 없이 메타포로 볼 수 없을 경우라 해도 가능하다. 브레히트는 「차를 끓이면서 신문 보기」를 시로 썼다.

> 아침에 나는 신문에서
> 교황과, 왕들과, 은행가들, 석유재벌들의 세기적 계획을 읽는다.
> 다른 눈으로 나는
> 찻물을 끓이는 주전자를 지켜본다
> 흐려지는지 부글부글 끓기 시작하는지 그리고 다시 맑아지는지
> 그리고 주전자의 물이 넘어 가스불이 꺼지지나 않는지.

우리가 브레히트의 일기장에 있는 이 텍스트를 시행 구분 없이 본다면 크게 신경 쓸 것 없는 아침식사 준비를 하는 저자의 일상에 대한 기록으로 생각할 것이다. 하지만 이런 일기 같은 말들을 담은 이 시는 대부분의 독자들에게 그 상황을 은유적으로 이해하고 시시한 일상 뒤에 있는 깊은 의미를 발견하고자 하는 어떤 욕구를 환기한다. 이런 해석의 욕구는 끓는 주전자를 프롤레타리아 혁명(또는 소련군)에 대한 기호로 변화시키고, 그것이 강대국들에 의해 추동된 자본주의적 착취(또는 제2차 세계대전)의 "불"을 끄는 상황을 — 또는 그와 비슷한, 아니면 완전히 다른 계시, 어쨌든 하나의 계시로 — 묘사한 것이다. 어떤 독자도 신문 읽기, 찻물, 주전자로만 시가 만들어지길 원하지 않는다. 열광적 해석자들은 개개 메타포들을 — "신문"은 '현재'를 의미하고, "교황"은 '전통적 힘'을 의미하고, "은행가"는 '현대의 권력'을 의미하고, "흐려지다"는 '위기'를 의미하고, "맑아지다"는 '전략적 우

월'을 의미하고 등등 — '역사적 전기轉機'라는 전체적인 메타포에 연결한다. 세속적인 시에서 가상의 중심의미에 대해 개개 해석 대상들이 생겨나는 것은 곧 종교적 시에서 신의 이름에 대해 수많은 별칭들이 의미를 띠고 있는 것과 같다.

5_ 춤과 노래

GEISTERSPRACHE - Zweck und Mittel der Lyrik

어떤 물리적이고 동물적인 동작이라도 거기에 리듬은 없고, 또한 어떤 종류의 소리라 하더라도 거기에 음향은 없다. 리듬과 음향은 인간 이전에는 없었다. 이 두 가지는 인간이 인위적으로 생산한 것으로서 새소리와 말발굽 소리에서 만든 것이다. 음향과 리듬을 인공적으로 생산해 내기 위해 발, 손, 목소리와 같은 육체라는 자연적 도구가 필요하다 — 그 외에도 같은 박자의 반복과 목소리의 변주를 구별하는 정신의 작용이 필요하다. 춤과 같은 리듬에 따라 분절된 동작과 노래와 같은 소리 울림의 형상에서는 말의 분절과 목청이 해낼 수 있는 실제적 기능은 소용없게 된다. 서정시의 음악적 요소인 리듬과 음향은 자연이나 실제적 발성에서 나오는 것이 아니라 비자연적이고 비실제적인 데로 향한 자연적-실제적 목적에서 나온다. 예를 들어 춤 출 때 사람들은 걸어가는 것보다 더 많은 힘을 쓰지만 앞으로 한 발짝도 더 나가지 않는다. 노래하는 것도 말하는 것보다 더 많은 힘과 재주를 요구하지만 알아듣기엔 말소리보다 더 힘들 뿐이다. 비록 노래가 단어들을 사용하지만 추측건대 그것은 언어에서 발전된 것은 아니다. 이유는 특정한 음정들을 다양한 음의 강약으로 반복하는 음악의 원칙이 말하기(적어도 여러 개의 언어에서는 그렇지 않다)에는 적용되지 않기 때문이다. 그리고 노래는 흥얼거림이나 소리 지름과 같은 것들로서 비언어적 표현들을 길들여 온 것이다. 인간의 실제적 욕구를 규정하는, 말하기와는 구분되는 그 구별이 노래에 어떤 가치를 부여한다. 왜냐하면 노래는 일상적 소통을 넘어서는 욕구들을 표현하기 때문이다. 춤도 노래와 비교할 수 있다. 정해진 시간에 두 발을 땅의 특정한 위치에 두어야 하는 춤의 규칙은 걷고 뛰는 자연적 목적 같은 물리적 진행은 무시한다. 걸어가는 자는 길을 필요로 하지만 춤추는 자는 공간을 필요로 한다. 춤이 인간의 실제적 목적에는 적절하지 않으므로 춤추는 자가 원하는 바, 그들의 춤이 신들의 마음에 들기를 원한다. 그 때문에 신들의 축제에는 노래만큼이나 춤이 필수적이었다.

'리듬'이라는 개념은 서정시 이론에서 다양하게 사용된다. 오늘날은 리듬에 대해 시를 읽을 때 시의 특정 부분을 운율의 균등함에서 벗어나 빠르게 읽거나 느리게 읽는 것이라 보는 견해가 일반적이다. 그러나 고대의 운율학은 이런 구분을 하지 않았다. 리듬은 그저 단어로 실현된 운율의 춤-음악적인 기초였다. 운각Versfüße이라는 말(그리스말로 podes, 라틴어로 pedes)에서 춤을 추는 발이라는 뜻을 찾아볼 수 있다. '스트로페strophe'(시연이란 뜻: 옮긴이 주)란 말도 그리스어에서 왔다. 이 말은 글자 그대로 '전환(방향 바꿈)'을 의미하는데 오케스트라, 즉 춤추는 공간 위에서 합창단이 춤을 출 때 방향을 바꾼다는 뜻이었다. 그래서 이 모든 방향 전환 다음에 오는 합창 또한 스트로페라 불렸다. 운문이란 뜻의 'Vers'란 말도 마찬가지로 전환을 가리키는데, 비록 복수에서는 versūs라 불리며 춤추는 스텝의 전환을, 단수에서는 versus로 불리며 한 행의 끝에서 다음 행으로 넘어가는 시의 행을 뜻한다. 이것은 마치 이랑을 갈 때 이랑의 끝에서 돌아온다는 의미의 'versus'와 같다. 어원학에서는 연Strophe과 행Vers이라는 서정시의 근본개념의 기원을 춤에서 유래한 것으로 본다. 현대 언어에서조차 '볼타volta', '토르나다tornada', '발라드Ballade'와 같은 용어를 사용하는데 이는 서정시가 춤과 친족관계에 있음이 완전히 잊힌 것은 아니라는 점을 보여 준다. 우리가 이런 친족관계를 추적해 들어가 보면 리듬 개념을 고대적 의미에서 사용할 수 있고 결국 운율과 리듬을 같은 것으로 이해할 수 있게 된다. 리듬은 시가 춤 스텝을 모방한 것으로, 이는 음절의 반복을 통해 실현된다.

운율학의 최소 단위인 운각은 춤을 출 때 발을 들고(그리스어로는 arsis) 놓는 것(그리스어로 thesis) 사이에 시간 간격을 두고 규칙적으로 반복하는 것에서 발생하였다. 그 때문에 모든 운각은 두 단위이다. 언어와 관련하여 그 운각은 두 음절로 만들어져 있다. 이때 긴 음절은 한두 개의 짧은 음절로 대체될 수도 있다. 이에 따라 가장 많이 쓰이는 운만 말할 것 같으면 스폰데우스(－－), 얌부스(◡－), 트로헤우스(－◡), 아나페스트(◡◡－), 닥튈루스(－◡◡)를 꼽을 수 있다. 리듬이 춤 스텝의 반복으로 인해 비로소 발생되는 것이기 때문에 그리스 운율학자들은 운각podes을 얌부스 트리메터(◡－◡－)에 있는 것처럼 두 개 그룹으로 묶었다(Dipodie). 춤꾼이 박자를 놓치지 않도록, 그리고 춤꾼끼리 서로, 그리고 악기의 리듬과 일치하도록 그들은 스텝의 시간을 지켰는데 그것을 메트론(독일말 Metrum, 영어 meter

가 여기서 유래하였다)이라 하였다. 이런 질서와는 반대로 일상적인 말은 엄격한 시간 규칙을 따르지 않았다. 그리고 일반적인 문장들은 말하는 자의 정열과 의도에 따라 느리거나 빠르게 말해지고 또 음절들이 강하게 또는 약하게 말해질 수 있었다. 춤과 말하기의 이런 차이점에서 우리는 다음과 같은 결론을 낼 수 있다. 서정시의 언어를 규정하는 운율 규칙은 일차적으로 필수적인 춤의 특성들에서 발전되었고, 이차적으로야 비로소 리듬에 따라 다루게 될 언어의 우연한 특성에 적용되었다. 춤 리듬에 익숙한 귀는 보통의 언어에서 춤추는 다리를 들어서 옮기고 놓는 것에 일치하는 가능성들을 발견했다. 운율로 구성되지 않은 언어에서 시적으로 사용할 수 있는 운율적 구조를 찾는 것을 운율학에서는 시형학Prosodie이란 이름을 붙였다. 춤 리듬과 언어 리듬 사이의 약한 유추관계가 구속력 있는 규칙으로 파악되었다. 이를테면 음절들이 고대에 짧고 긴 것으로 분류되고, 근대에 와서 강조되고 되지 않는 것으로 구분되었던 것이다. 이렇게 하여 운율학은 인간 언어라는 영토에 대한 식민통치를 실현하게 되었다. 이 언어는 춤, 음악과 협력하게 되었고 그들이 언어 외적인 리듬을 받아들이면서 신들의 언어로 변하게 되었다.

리듬 자체를 인지하는 것은 불가능하다. 리듬은 자신을 현재화할 수 있는 물질을 필요로 한다. 가령 발로 구를 수 있는 춤을 출 땅바닥이나, 박자를 칠 두 손의 손바닥, 손가락으로 두드릴 책상 판, 두드리고 뜯고 문지르거나 불 수 있는 악기, 끝으로 고정된 시간 간격으로 맞추어 넣을 음절의 소리가 있어야 한다. 다양한 물질을 통한 리듬의 이런 체현을 통하여 춤의 원칙은 음악과 언어를 만들어 낸다. 노래는 춤을 추게 하고 불리고 음악을 동반하여 모든 이 리듬적 객관화들을 한 다발의 형상으로 통합한다. 동작과 목소리 혹은 악기로 생산된 음향과의 연합으로 몸이 없는 말은 몸을 갖게 된다.

리듬은 강세가 연달아서 촘촘히 연결될 때 지각할 수 있다. 그들 강세 사이가 일 초를 넘는 것이 없다. 이 시간 간격은 심장박동에 해당한다. 메트로놈이 고안되기 이전에 사람들은 박자를 정확하게 잴 수 없었다. 하지만 맥박이나 호흡, 발걸음과 같이 몸이 일종의 시계였다. 운율적으로 구성된 시의 언어는 무의식적인 몸의 리듬과 일치하였다. 춤과 노래가 조용하고, 거의 지각할 수 없는 몸의 리듬에 들을 수 있고, 지각할 수 있고, 집단적으로 경험할 수 있는 상관물을 만들어 주는 동안에 이들은 개개의 삶의 박동이 다른 생물들의 그것과, 심지어 세계의 전체 운행과정과 일치할 것이라는 느낌을 만들어 낸다. 그 때문에 리듬의 반복은 도취의 상황들을 불러일으킬 수 있다. 스스로 생산한 동작을 다른 몸에, 목소리와 악기에 전이하고 확대하는 춤추는 자들에게는 마치 리듬이 밖에서 그들을 사로잡은 것처럼, 어떤 지고하고 거역할 수 없는 힘이 그 원인자인 것처럼 나타난다. 이 초인적인, 동시에 인간이 만든 힘은 춤추는 자들에게 나타난다. 그리스 소년 소녀들이 추는 윤무는 제단 주위나 신성한 나무, 아니면 신들에게 바치는 대상들을 돌며 행해졌다. 길게 늘어진 윤무는 신전으로 향한 행진에서도 이루어졌다. 오늘날 원시인들이나 록 콘서트를 찾는 관객들에게서 북소리나 울리는 발 굴림이나 베이스 악기의 소리를 통해 만들어진 지속적인 리듬이 참가자들을 어떤 최면상태로 들어가게 하는지를 찾아볼 수 있다. 완화된 형식으로 그런 감정의 고양은 어려운 문제를 풀어 나가는 데 쓰이게 된다. 이런 장점을 행진곡이나 노동요가 십분 활용한다. 그들의 리듬은 행진이 춤인 것처럼, 그리고 노동이 음악인 것처럼 노고를 기쁨으로 전환시킨다.

리듬을 탄 몸동작에서 강박적 힘과 도취가 통합되어 집단적으로 체험한 행복감에 이른다. 같은 박자의 지속적인 반복은 현실적인 환경을 망각하게 한다. 리듬에 실린 몽환상태가 지속되는 동안 현실에 묶인 행동 의무가 해제되고 다른 시간, 즉 인간적 육체에 맞춰진 시간의 경험으로 대체된다. 이 시간은 균일하게 이루어지는 리듬처럼 실제로는 잠시 동안 지속될 뿐이지만 영원히 지속되도록 보장한다. 도취적인 리듬에 의미 있는 텍스트가 개입하게 되어서야 비로소 실제적인 시간이 환영이라는 무시간에 들어온다. 왜냐하면 모든 단어들은, 음악적 리듬과 달리 이성으로부터 통제되는 현실과의 연관성을 지니고 있기 때문이다.

어떤 문화가 원시적일수록 그 문화에는 노래의 리듬이 더 중요하게 된다. 그러나 그 노래의 멜로디는 아직 단조롭고 굴절되지 않은 리듬과 유사하다. 텍스트가 항상 어떤 알아차릴 수 있는 의미를 가진 것도 아니었다. 훗날 서정시에서 이러한 관계는 변화된다. 멜로디의 의미, 그리고 특히 텍스트의 의미가 더 분명해진다. 급기야 현대시에서는 텍스트만 바라본다. 음악적 리듬은 약화된 채, 그리고 거의 감춰진 채 시의 운율에서 겨우 명맥만 유지하고 있다. 하지만 이것조차 현대 서정시에서는 일상적이라고 무시되고 포기되었다. 대부분의 그리스 서정시는 춤을 위해 쓰였고, 그 때문에 그 서정시는 스무 개 이상의 운격 유형들이 있었다. 근대의 서정시는 그저 얌부스 아니면 트로케우스라는 상반되는 운격을 사용했을 뿐이다. 초기 기독교인들은 이교도들이 신전에서 춘 춤을 육체의 정욕을 좇아 죄짓는 행동이라고 경멸했다. 회개하고 이교도에서 기독교로 돌아온 아우구스티누스는 더 이상 이런 시험에 빠지지 않을 것이라고 고백하며 이렇게 말한다. "합창단은 원으로 둘러서서 춤을 추고 그 중심에 사탄이 있다." 교회는 오로지 성가들만 부르게 했으며 그런 노래를 부를 때 교인들은 조용히 서서 불렀으므로 차츰 발에서 나온 리듬의 감정 없이도 노래를 부를 수 있게 되었다. 그에 대한 대체물로 교회 궁형 천장에서 울리는 소리에 대한 감성이 발전하게 되었다. 초기 기독교가 찬송가를, 돌로 된 높은 건물의 내부에서 울리게 하고, 각운을 고안해 넣고, 이런 음향효과에 언어적 형상까지 덧입혀 넣은 것은 놀랄 만한 일이 아니다.

그리스 고대 이후에 발생한 시는 기껏해야 노래 부를 수 있는 것이었지 춤을 출 수 있는 것은 아니었다. 17세기까지의 음악이론은 고대 그리스 문학의 발걸음에 맞춘 운각과 근대의 박자 구분을 일치시키려 했으나 이것은 이론적으로 구색을 갖추었을 뿐 실제에선 전혀 실현되지 않았다. 음악적 3/4박자, 12/8박자, 3/2박자는 당시의 춤들인 미뉴에트, 지그, 사라반데를 모방하지만 서정시의 운율에 상응하지는 않았다. 단어들은 — 근대에서까지도 시에 곡을 붙일 가능성이 여기에 근거하고 있다 — 여러 개의 음이 하나의 음절에 있을 때에는 음악의 박자체계에만 맞출 수 있다. 이로 인해 물론 텍스트에 의해 주어진 단어들의 리듬은 상실된다. 더욱이 춤 리듬에 맞추어 노래를 부를 경우에는 음절을 스텝에 맞추어야 했다. 오로지 이런 목적에 맞는 것은 춤에 맞춰 지은 댄스노래뿐이다. 그렇다면 이들 텍스트는 시가 아니라 사용텍스트일 뿐이어서 시의 운율 구조를 무시하고, 그 때문에 근대 서정시 역사에 아무런 기여를 하지 못했다. 이렇게 하여 근대 서정시에서 춤의 리듬은 완전히 사라지고 만다. 근대 서정시의 가장 영향력 있는 전범이었던 페트라르카의 『칸초니에레』에서 그 춤의 리듬은 찾아볼 수 없다. 페트라르카의 소네트들은 엄격한 규칙들을 따른다. 각 시행은 11개의 음절을 이루고 두 음절의 각운으로 끝난다. 네 개의 연은 여러 겹의 각운의 반복으로 이루어져 있다. 음향의 연결은 조음을 고려하여 만들어졌다. "Quel Sol, che solo agli occhi mei resplende"(이탈리아 운율법칙에 따르면 "solo"에 있는 종결모음은 발음되지도, "agli"에서처럼 음절로 취급되지도 않는다). 하지만 손과 발로 쳐서 맞출 수 있는 아주 분명한 리듬은 그런 시행의 아름다운 음향에 그저 방해가 될 뿐이다.

시들이 운율을 따르는 동안 춤을 출 만큼의 동작은 요구되지 않더라도 몸의 가상적인 움직임이 약화된 상태로 감지될 수는 있다. 사실 시는 춤보다는 음악과 더 오랫동안 결부되어 있었다. 그것은 음악이 언어에 더 가깝기 때문이다. 시와 음악은 음성적 현상이 아닌가. 서정시가 춤과 결부되어 있었던 것은 이미 고대 후기에 말소되었지만 음악과의 결부는 19세기에 와서야 말소되었다. 음악은 제2의 언어라고 말할 만큼 개념이 없는 언어이다. 음악은 청중에게 말로 파악할 수 없는, 그렇지만 더 깊은 의미를 예감할 수 있는 무엇인가를 말하는 것 같다. 가곡에서 노래로 불린 말들이 무슨 의미가 있는지를 생각하다 보면 노래는 불분명하게 들린다. 그것은 노래가 말을 과도하게 길게 빼거나 다르게 강조하거나 말할 때의 음보다 과도하게 내거나 다성으로 부를 때 소리가 겹쳐지기 때문이다. 그럼에도 이 노래는 불분명하게 된 언어가 의미있을 것이라는 추측을 강화한다. 음악은 텍스트의 고립된 단어들을 배경에서 울리는 노래와 함께 포괄하고 있다. 산문적으로 말할 때는 단어들 사이에 작은 휴지부, 두 개의 문장들 사이에나 문단들 사이에는 큰 휴지부가 존재한다. 그에 반하여 음악이 동반된 노래에서는 음향들이 단어 사이나 문장 사이를 겹쳐서 연주하므로 음악은 텍스트 앞에서, 텍스트 뒤에서 그리고 텍스트의 휴지부에서 소리를 낸다.

노래나 말이나 인간의 목소리를 사용한다. 그럼에도 이 두 유사한 표현들은 그 기술이나 영향에 있어서 큰 차이점들을 갖고 있다. 모음보다 자음이 더 많으므로 말한 단어들을 형성하고 인지하는 데에는 입에서야 비로소 생산되는 자음의 소리들이 깊은 호흡기에서 올라오는 모음의 울림보다 더 중요하다. 그래서 그리스 문자보다 앞선 문자 체계에서는 자음만 기록했지 모음은 기록하지 않았다. 그러나 노래할 때는 모음을 전달하는 소리가 우선이다(이로 인하여 모음이 발달한 이탈리아어가 노래하기에는 아주 적합하다). 하지만 모음조차도 말할 때보다 노래할 때 더 분간하기 힘들다. 그리고 노래의 텍스트를 말할 때보다 아리아를 부를 때 더 많은 시간이 걸린다. 그 이유는 노래의 대부분이 그저 음향이 들어 있는 숨소리로 구성되어 있기 때문이다. 말할 때는 청중들의 귀에 전달되기 위해 목소리의 크기로 충분하지만 노래할 때는 온 몸을 움직이고 사용한다. 그 때문에 사람들은 노래에 마법적 힘이 있다고 믿는다. 노래는 인간의 내면에서 울려 나오고 저 먼 거리를 넘어 전달될 수 있으며 그것이 다시 내면으로 침투한다. 그래서 노래하는 자는 자신의 영향력을 넓히고 동시에 힘을 갖는다. 노래를 듣는 사람은 그것이 자기의 귀에서도 목소리인 양 울리기 때문에 그 힘을 같이 느낀다. 그래서 노래는 함께 부르기와 따라 부르기를 하게 한다.

아직도 여전히 멜로디에 붙여 만든 실용적으로 쓰이는 국가, 성탄절 노래, 찬송가, 가요, 가곡 같은 서정적 텍스트들이 있다. 고전적인 서정시 앤솔러지에 배제되어 있는 이런 인기 있는 노래들에는 시와 노래가 일치되어 있다. 이런 예외를 제외하고 보면 근대의 시와 노래는 서로 가능하나 필수적이지 않은 곡 붙임이라는 느슨한 관계에 있었다. 하나의 멜로디에 다른 텍스트들로 불려지거나(17세기까지), 반대로 하나의 시에 여러 가지 다른 작곡가의 곡이 붙여지는 경우(18세기 이후에)가 그렇다. 두 가지의 경우 모두 저자와 작곡가가 대부분 서로 알지 못했다. 괴테와 뫼리케의 유일한 시에 다양한 곡을 붙이는 경우는 이미 텍스트가 어떤 특정한 음악적 형식을 요구하는 것이 아니라는 것을 입증해 준다. 집단적 제의에서 춤과 노래의 예배 절차는 해체되었고, 이제 텍스트와 음악에 대한 비구속적 · 예술적 · 개별적 구상이 길을 열었다. 근대에 노래 작곡에 있어서의 중대한 난점은 시의 운율과 음악의 박자가 서로 맞지 않는다는 데 있었다. 그 이유는 두 장르가 각자 자신의 법칙대로 나아가 공통의 기원이었던 춤으로부터 멀어졌기 때문이다. 레싱은 체념한 채 "시인이 좋은 운율을 만들었건만 이것이 음악가들에게 아무 도움이 되질 않으니"라고 말했다.

16세기 말에 이탈리아 음악을 독일에 도입한 야콥 레그나르트Jacob Regnart가 그 음악에 따른 노래 텍스트를 만들었을 때, 그는 자기 시가 갖는 운율과 자연적 강세를 작곡 과정에서 무시해 버렸다. 근대 음악에서 강세가 첫 박자 부분에 있었으므로 가령 얌부스(약강격 ◡ | —)의 강세가 없는 음절은 박자 앞으로 밀어내었다. 곡 붙임은 대부분 시행들의 강세보다 더 많은 강세를 가지고 있다. 음절 수가 적은 시행의 일정한 운율과는 다르게 곡은 텍스트에 8분음표와 16분음표로 이루어진 수많은 음정들을 덧입힌다. 괴테의 시 「제비꽃」은 4음보의 얌부스(약강격)로 쓰였다.

Ein Veil | chen auf | der Wie | se stand, |
Gebückt | in sich | und un | bekannt; |
제비꽃 한 송이가 초원 위에 피어 있네
고개 숙여 누구에게도 보이지 않은 채

모차르트는 이 시에 독일 무도곡의 2/4박자로 곡을 붙인다.

Ein | Veilchen auf der | Wiese stand,

Ge | bückt | in sich und | unbekannt … |

노래에서는 한 음절이 아우프탁트(약박)로 앞에 놓이고 시의 2행의 마지막 음절("-kannt") 다음에는 휴지부가 발생한다. 거기다가 두 번째 마디는 "stand"와 "Gebückt" 사이에 있는 행갈이의 경계가 연결되고 있다. 곡을 붙일 때 일반적인 것이긴 하지만 모차르트는 하나의 음절을 가끔씩 여러 개의 음정으로 분할하고 있다. 특히 "ach" 같은 말을 중요하게 다루고 있고, 이유 없이 시연의 끝("und sang")에 있는 "und"에 의미를 두고 있다.

모든 오래된 문화에서 그렇듯이 서양의 중세 때에 시인들은 자신들의 시에 스스로 곡을 붙여 노래를 불렀다. 근세기에 들어 시인들이 노래하는 경우는 드물었을 뿐 아니라 작곡을 하는 경우는 더 드물었다. 그래서 시인들의 시는 나중에 작곡자들이 곡을 붙일 때까지 기다려야 했다. 작곡은 점점 더 힘든 일이 되고 말았다. 개개 시연들이 갖고 있는 다양한 주제들을 고려하지 않는, 단순히 같은 것을 반복하는 노래 연의 자리에 18세기 말엽 일련一連 형식(시의 절마다 각기 다른 곡을 붙인 형식: 옮긴이 주)의 노래가 등장하였는데, 성격상 이런 노래는 연마다 곡이 바뀌어서 시를 이해하는 데는 도움이 되었으나 일반인들이 노래로 부르기엔 더 어려웠다. 19세기의 예술가곡에서는 성악의 멜로디와 피아노 반주가 더 이상 정확하게 일치하는 것이 아니어서 적절히 연주하기 위해 전문적인 성악가와 피아니스트가 필요하게 되었다. 이렇게 연주하기 위해 특별히 고안된 가곡의 밤이 생겨났다. 그 때문에 성악연주는 시의 생존에 있어서 예외가 되었고 책으로 전하는 것이 일반적 규준이 되었다. 낭만주의 이후의 서정시는 더 이상 음악과 관련성을 맺지 않는다. 노래가 특별하고 낯설며 초인적인 부수 음정들을 시로 갖고 온 모든 것들을 오로지 읽기만을 위해 쓰인 시가 이제 언어 자체로 해결해야 했다.

몇십 년 전만 해도 사람들은 노래를 인간의 자연적인 욕구로 이해했다. 제2차 세계대전이 끝난 직후만 해도 사람들은 집에서 트래킹을 하면서, 술집에서, 가끔씩은 거리에서 노래를 불렀다. "I hear America singing"(나는 미국이 노래 부르는 소리를 듣는다). 휘트먼은 그의 시들을 소박하게 목수들, 석공들, 선원들, 제화공들, 산판인부들, 애엄마들, 처녀 아이들, 밤에 쏘다니는 자들로부터 들은 노래 옆에 나란히 두었다. 이들은 모두 그동안 잠잠케 되었다. 그들은 더 이상 노래 부르지 않는다. 다만 가수의 노래를 들을 뿐이다. 하지만 노래를 불렀던 자들은 그 노래의 가사를 안다. 스스로 노래 부르는 능력이 사라진 자는 마찬가지로 시를 암송할 의욕을 잃게 된다.

처음부터 서정시의 역사는 음악과 맺은 긴밀한 관계를 상실하는 과정이었다. 이미 플루타크는 사포의 시를 음유할 수 있을지언정 노래로 부를 수 없다는 것을 알았다. 왜냐하면 사포의 시가 노래를 포함하고 있지 않기 때문이다. 어떤 시의 텍스트를 쓰고 보존하는 것은 악보가 함께 있는 것을 보존하기보다 쉽다. 글자를 쓰는 기술이 악보로 음을 보존하는 것보다 더 오래되었고 더 믿을 만하다. 1300년경에 벌써 1,200여 편 대부분의 민네장이 소실되었다. 그리스 고대의 노래에서 우리에게 단 한 편의 악보도 전해지지 않았다. 그래서 헤르더는 그리스 로마 문학에서 유래된 송가나 카르미나를 두고 "노래할 수 없는 노래들"이라 불렀다. 이런 노래들이 근대 서정시의 모범이 된다면 작품 내에서 완전한 문학작품이자 "노래들"로 파악할 수 있지만 "노래할 수 없는" 시들을 순수한 텍스트로만 보려는 아나크레온과 핀다로스, 카툴루스, 호라티우스의 모방자들에 수긍이 간다. 20세기에는 소리 내지 않는 노래(시)의 소리를 인위적으로 훈련한 아나운서의 목소리를 통해 들으려는 종종, 듣기 거북한 시낭송이 생겨났다.

19세기까지 회화, 드로잉과 기념비가 서정시인을 오래전에 지나간 원시시대로 되돌려 놓았다. 이들은 시인을 하프를 들고 있는 가수로 보았지, 펜과 종이를 들고 있는 작가로 보지 않았다. 시인들 스스로도 시에서 자신들이 시구를 쓰는 것이 아니라 음악적 영감에 따른 것처럼 자신을 묘사했다. 괴테의 「뮤즈의 아들」을 보면 시인의 그런 면면을 짐작할 수 있다.

벌판과 숲을 거닐며
내 작은 노래 휘파람 불어 보내며
그렇게 이곳저곳으로 가네!

하여 박자 따라 마음 솟고
하여 운율 따라 몸 가네
모든 것이 나에게서 줄곧.

이 매혹적이고도 아나크레온적인 이미지를 지닌 시인은 종이와 인쇄된 책 없이 잃어버린 노래에 대한 회상을 — 글로 쓰고 인쇄하여 — 간직하고 그 상실을 대체하고 싶은 소원을 일깨운다. 작곡과 시작詩作이 근대에 서로 다른 길을 갔고 어떤 매개의 시도조차 모순에 부딪쳤기 때문에 시적 언어가 지닌 내적 음악을 찾는 것이 더 전망 있는 것으로 보였다. 이제 시는 시에 갖다 붙일 곡이 없이도 스스로 노래를 부를 수 있게 되었다. 낭만주의 시를 쓴 하이네의 시집 중에 『노래의 책』이라는 것이 있는데, 이는 노래책이 아니고 오로지 그 안에 시텍스트들만 담겨 있다. 18세기에 심리학과 미학은 음악이론에서 "정조Stimmung"(Stimmung이라는 독일말은 음조, 기분, 분위기라는 뜻을 복합적으로 가지고 있다: 옮긴이 주)라는 말을 차용한다. 이 개념은 감성적인 영혼을 현악기에 비유하여 외부세계의 영향이 순간적으로 소리를 불러오고 그때그때의 영혼과 조율된다는 뜻에서 만들어졌다. 서정시는 이 모델을 따라 시의 언어에서 악기들처럼 정조를 담은 음들을 감지하도록 하려 한다. 낭만주의의 서정시인들은 말 음악(성악)의 이상에 가장 가까이 다가간다. 특히 활자체로 쓰기보다는 기타에 붙여 자기 시를 노래했던 브렌타노가 그러했다.

시가 조약돌 사이로 솟아나는 샘물처럼
달콤하고 부드럽게 노래한다
보리수 주위에서 벌들이

윙윙거리고, 중얼거리고, 속삭이고, 졸졸거리듯이.

"달콤하고 부드럽게" 노래하라고 달콤하고 부드럽게 요청하는 것은 자체가 이미 바라던 노래다. 독자는 노래를 듣고 같이 윙윙거린다고 생각한다.

오늘날은 그전 시대보다 더 많은 노래를 듣는다. 이들을 우리는 가요Songs라고 부른다. 우리는 그것들을 시로 읽을 수 있다. 밥 딜런의 텍스트들은 이미 레클람Reclam 포켓북으로 읽을 수 있다(Reclam은 독일의 노란색 포켓용 서적이다. 그만큼 이 노래가 독일에서 보편적이라는 뜻이다: 옮긴이 주). 서정시가 끝없이 독서문학으로 발전해 나가는 것에 대해 몇몇 시인들은 시를 들을 수 있게, 그리고 볼 수 있게 하면서 항거했다. 미래파와 다다이스트들로부터 샌프란시스코 시파들을 지나 포이트리 슬램Poetry slam(자신이 쓴 산문에 리듬을 붙여 — 힙합음악의 랩같이 — 역동적으로 음송하는 것: 옮긴이 주)에 이르기까지 서정시를 "퍼포먼스"나 "언어설치"로 공연을 하고, 그리하여 시를 노래하는 옛 형식을 재현하려는 시도가 수없이 많이 있었다. 글을 쓰는 서정 시인들의 고귀한 엄숙주의에 대항하여 고대 시들이 갖는 역동성을 재현하려는 현대 시인들의 시도가 인기를 끌고 있다. 2천5백 년 동안 따로따로 발전해 왔던 전체 서정적 요소들, 이를테면 시, 노래, 춤, 기악 같은 것들이 팝송 가수들의 등장으로 다시 연합하게 되었다. 록 콘서트 방문객들과 음반으로 듣는 사람들의 수만 놓고 보면 전에 결코 찾아볼 수 없었던 성공적인 서정시라고 볼 수 있다. 시를 계속 정적으로만 쓰려는 엄숙한 시인들은 소리 높여 외치는 팝송 가수들을 서정시 원조의 부활이라고 인정하고 싶지 않을 것이다. 팝음악의 기술적인 성공과 경제적 부가가치는 비록 노래의 텍스트를 음송하고 노래 부르고 춤으로 추었던 그 옛날 그리스의 축제와는 비교할 수 없지만, 그 시대의 신의 제전의 제사의식에서처럼 팝 콘서트의 관객은 역동적인 리듬과 도취에 같은 정도로 함몰된다.

6_반복

클레망 마로의 시 「투르농의 엘레네」에서 사랑하는 남자는 여자 의사의 도움을 얻어 새침데기 여자로 하여금 자신을 사랑하도록 유도한다.

> Mais le pis est que ce n'est pas de moi.
>
> (의역하자면: 하지만 안 좋은 것은 그녀가 지금 사랑하는 사람이 제가 아니라는 점입니다.)

독자들은 이 겉보기에 단순한 시가 얼마나 예술적으로 만들어졌는지 그 핵심적인 것을 놓치고 만다. 독자는 시인이 쓴 열 개의 단어들을 중간인 "que"와 "ce" 사이에서 나누어 보면 각 단어는 그저 하나의 음절로 이루어져 있는데, 그 단어의 음들이 거울상처럼 서로 마주 보고 있다. 첫 단어는 마지막 단어와, 둘째 단어는 마지막에서 둘째 단어와, 그러니까 "mais"는 "moi"와, "le"는 "de"와, "pis"는 "pas"와, "est"는 "n'est"와, "que"는 "ce"와 각기 일치한다. 이와 비슷하지만 좀 더 단순한 것으로 프리드리히 하게도른Friedrich Hagedorn의 시 「새들」을 꼽을 수 있다. "Da finde ich dich, mich findest du." 여기서는 네 번째 음절과 다섯 번째 음절의 경계가 좌우 대칭의 축이 된다. 그러면 "da"와 "du", "finde ich"와 "findest", "dich"와 "mich"가 서로 대칭을 이룬다. 에드거 엘런 포Edgar Allan Poe의 시 「갈가마귀The Raven」의 한 행에는 — "And the Raven, never flitting, still is sitting, still is sitting"(그러고도 갈가마귀는 날아가지 않고, 아직도 앉아 있었네, 아직도 앉아 있었네). "still is sitting"과 "flitting" — "sitting"이라는 (두 번째에는 still에 강조를 하여 변화된) 압운반복 앞에 거울상 같은 소리의 반복이 놓여 있다. "raven"과 "never"에서 — 이들은 함께 시의 주도동기를 마련하는데 — r, v, n과 같은 자음을 역순으로 배열해 놓았다. 중세 웨일즈 문학에서는 관습상 시행의 후반부가 전반부의 자음들을 그대로 반복하도록 되어 있다. 이에 견줄 수 있거나 이보다 오히려 더 쉬운 관습을 갖고 있는 것으로 게르만의 두운법과 고대 그리스 후시대의 각운 같은 것을 꼽을 수 있다. 각운은 클레망 마로나 포우 같은 시인들이 개인적으로 구성한 어순들 뒤로 숨긴, 그야말로 다른 것에서 같은 것을 반복하기를 규칙으로 정해 놓았다.

비대칭과 비반복의 한가운데서 대칭과 반복을 인식하기 위하여 독자는 자연적인 독서방향에서 뒤돌아서서, 그래서 나중의 것에서 앞의 것으로 되돌아가야 한다. "never"에 와서야 "raven"에 감춰진 것이 무엇인지 알게 된다. "Der Mond ist aufgegangen"(달이 떠올랐다)(마티아스 클라니우스의 시: 옮긴이 주)는 그다음에 만약 "Die goldnen Sternlein prangen"(금빛 작은 별들이 반짝인다)라는 행이 오지 않는다면 그저 일상적 진술에 불과하다. 그다음에 두 시행의 운격적 · 음향적 일치와 동시에 같은 시에 속한다는 것이 지각된다. 2행과 유사한 1행은 두 음절의 각운을 갖고 있는 3보의 얌부스(약강격)이다. 같거나 유사한 구조들의 반복이나 회귀는 모든 서정시 형식의 기본원칙이다.

반복의 기초적인 구체화, 즉 운율과 압운은 모든 시문학이 지향하는 바, 시간을 정지시키고 그 정지된 시간 안에서 다른 존재, 말하자면 초자연적인 존재와 같은 시간을 보내는 것이 가능하리라는 환영을 불러일으킨다. 물리적 시간은 단 한 방향, 즉 항상 앞으로 흐르지만 시 속의 시간은 앞으로도 뒤로도 흐른다. 시행들의 리듬적 또는 음향적 일치가 마법을 부려 시간을 흡사 한 공간으로 몰아넣는 것 같다. 이 공간은 말하자면 춤을 추는 장소처럼 다른 방향들로 움직일 수 있는 공간이다. 확고하게 회귀하는 리듬은 앞으로 흐르는 시간을 분명히 구획할 수 있는 형상으로 몰아간다. 제1차 세계대전 중 중대장이었던 에른스트 융어가 그의 중대원들에게 진군하면서 노래를 부르게 했는데, 이것은 적에 대항하는 전쟁에서 힘을 북돋우기 위해서만은 아니었다. "모든 리듬을 가진 사물들은 시간에 대항한 무기이다. 근본적으로 우리는 시간에 대항해 싸운다." 인쇄된 글자에서조차 시간에 대항한 이 서정시의 싸움이 나타난다. 제목, 시행, 시연들은 종이 위에 서로 모여 자신 안에 침잠하는 글자상像이 된다. 사각형으로 질서 지어진 시는 운보韻步와 각운 속에서 아래위를 각기 지시하는, 수직적 관련성을 지닌 기하학적 구조를 가지고 있다. 말하기와 읽기를 전제하는 시간적 연속은 인쇄된 시에서 시간의 흐름을 넘어서는 동시적 배열로 이루어져 있다. 리듬과 각운은 불확실한 시간의 연속을 확실히 정해 주고 이를 인간의 의지에 지배받도록 한다. 그 이유는 리듬과 각운의 규칙을 아는 자는 어떤 강세와 어떤 음향이 정해진 시간에 이루어져야 할지 예견할 수 있기 때문이다. 이렇게 노래와 시는 예견할 수 없는 장애들을 막을 수 있는데 이는 삶에서 결코 피할 수 없는 것들이다. 서정시 형식에서는 원하는 결말이 처음부터 고정되어 있다. 그리고 미래는 이미 현재에 포함되어 있다. 어떤 진군도 그 끝을 알 수 없지만 군가는, 축구팬들의 응원가와 마찬가지로 그 승리가 노래 속 리듬으로 만들어진 진전과 결말처럼 하나로 확실히 보장된다.

가장 단순한 반복은 두 개의 표지로 만들어지는데 그 사이에 휴지부가 있다. 긴 음절과 짧은 음절 사이에, 강세가 있는 음절과 없는 음절 사이에, 그리고 시행들의 다른 운격 사이에 있는 휴지부는 존재하지만 눈에 띄지 않는다. 반복이 좀 더 분명하게 보이는 것은 두 개의 반행半行 사이에, 행들 사이에, 긴 문장의 삽입 후에 다르게 소리 나는 음절을 같은 음향으로 만드는 두 개의 각운 사이에서다. 이처럼 시가 발생하기 위해서는 최소한 두 개의 시행들이 있어야 한다. 경구 시는 바로 이 최소한으로 충분하다. 예를 들어 웅가레티Ungaretti의 「아침 Mattina」이라는 시가 그렇다. "M'illumino/ d'immenso"(나는 끝없이/ 빛난다). 대부분의 서정시의 단위들은 두 요소들의 여러 쌍에서 발생한 것이다. 한 행에 4행이나 6행의 강세가 있는 경우, 한 연에 4, 6 또는 8행이 있는 것, 한 편의 시에 4 내지 6연이 있는 것이 대부분이다. 서정시에서 홀수는 짝수에 비해 매우 적다. 서정시는 이처럼 짝수 구조가 지배적이어서 이로부터 벗어나는 모든 서정시는 눈에 띄게 되는데, 특히나 부재의 각운이 그렇다. 하지만 3연 구조조차도 종종 2연 구조의 일종으로 나눌 수 있다. 잘 알려진 민네장의 구조는 2연으로 된 같은 구조를 하나는 시작 연으로, 다른 하나는 더 긴 시연인 종결 연으로 대응하고 있다.

고대 근동이나 고대 북구의 시에서 2연 구조는 행을 넘어서 연장되어 두 개의 반행이 이루는 평행 구조를 연결하고 있다. 그래서 변주된 반복을 통해서 진술한 것이 신의 귀에서 또는 교인들의 기억에 고정되므로 사실은 두 개의 반행이 다른 말을 사용하여 두 번씩 같은 것을 말하고 있다. 소위 이런 평행대구平行對句, Parallelismus membrorum로는 시편에 있는 것이 잘 알려져 있다(문예학에서는 이것을 "사상운Gedankenreim"이라고 아주 적절하게 표현하고 있다). "환난 날에 여호와께서 네게 응답하시고 야곱의 하나님의 이름이 너를 높이 드시며/성소에서 너를 도와주시고 시온에서 너를 붙드시며/네 모든 소제를 기억하시며 네 번제를 받아주시기를 원하노라"(시편 20편).

성가나 마술노래들 또한 두 번 반복하는 것이 효과를 높인다고 본다. 메르제부르크의 주문 마지막 구문은 "insprinc haptbandun, invar vigandum"(오라를 풀고 나오라, 적에게서 도망치라!)이라고 반복되어 있다. 고대 독일어 법률 용어는 두운법의 쌍둥이 구문으로 선고를 했다. Gut und Geld재산과 돈(전 재산이란 뜻: 옮긴이 주), Haus und Hof집과 마당(전 재산이란 뜻: 옮긴이 주), Eigen und Erbe재산과 유산(전 재산이란 뜻: 옮긴이 주), Kind und Kegel아이와 구주희 공(온 식구란 뜻: 옮긴이 주), Schuld und Schaden부채와 손실(파산하다란 뜻: 옮긴이 주), Schimpf und Schande욕과 수치(오명汚名이란 뜻: 옮긴이 주), Kopf und Kragen머리와 목덜미(목숨을 걸다는 뜻: 옮긴이 주). 문자와 인쇄의 시대에는 사람들이 필요하다면 모든 소식을 여러 번 새로 읽을 수 있기 때문에 평행대구를 시간과 말의 낭비로 보았다. 하지만 기독교 서정시는 근대에도 성서의 모범을 모방하고 있다. 게오르크 바이셀의 것으로 잘 알려진 구세주 찬송가는 평행대구를 두 개의 반행으로 만들든가("Macht hoch die Tür, die Tor'macht weit"(문을 높이 열라, 성문을 넓게 열라), "O wohl dem Land, o wohl der Stadt"(땅에 축복 있으라, 도시에 축복 있으라)), 아니면 그 평행대구를 두 행으로 나눈다("Er ist die rechte Freuden-Sonn/ Bringt mit sich lauter Freud und Wonn"(그는 진정한 기쁨의 태양이라/ 오로지 기쁨과 환희만 가져오도다)).

텍스트를 전부 다 또는 부분만 반복하는 것이 근대의 세속적인 서정시에도 낯설지 않다. 17세기와 18세기의 오페라와 징슈필Singspiel에서 아리아들을 여러 번 연달아 부르면서도 텍스트와 멜로디를 바꾸지 않았다. 그에 반해 근대의 서정시는 같은 텍스트 구절을 제한된 정도로 반복하여 후렴이나 — '반복운Kehrreim' — 롱도(반복구反復句를 포함한 프랑스의 짧은 시형: 옮긴이 주), 리토르넬로(이탈리아의 시형식: 옮긴이 주), 트리올렛(2운각 8행시: 옮긴이 주), 글로세(스페인의 시형식: 옮긴이 주) 같은 시 형식에 사용되었다. 다시 말하면 시의 특정한 위치에서 개개 시행들이 변함없이 반복되었다. 특히 영국의 서정시에서 처음 시행이 시의 마지막에서 다시 반복되는 것을 자주 볼 수 있다. 윌리엄 블레이크의 시 「호랑이The Tyger」는 시작 연을 다시 사용해 끝을 맺는다.

Tyger! Tyger! burning bright
In the forests of the night,
What immortal hand or eye
Could frame thy fearful symmetry?

호랑이여! 호랑이여! 밝게 불타는 이여

밤의 숲 속에서
어떤 불멸의 손과 눈이
그대 공포의 균형미를 만들 수 있었는가?

대답이 없기 때문에 질문이 반복된다. 그러니 질문이 곧 대답이다. 춤이 종국적으로 다시 출발지점으로 돌아오듯이, 시 또한 마지막에 가서 첫 행과 다르지 않게 쓰여 있다(마지막 연의 마지막 행은 Could 대신 Dare로 되어 있을 뿐이다: 옮긴이 주). 한동안 시간은 정지한다. 반복에서 어긋나는 규칙은 단조로움을 막아 내고, 나아가 지배적 형식의 회귀에 대한 동경을 고양시킨다. 중단 이후에 '바른' 리듬이나 같은 어순이 회귀한다면 가인歌人과 청중의 웃음 속에 행복함이 묻어난다. 그러면 위기에 처한, 하지만 안정적인 질서가 잠시 동안의 방해를 이기고, 무시간적-불변함이 덧없이 변하는 것을 이기게 된다.

고대 이후의 시에서 운율을 제외한다면 가장 작은 단위의 반복인 각운만큼 반복이 눈에 띄게, 그리고 자주 사용된 경우는 없다. 각운은 오늘날까지 청자와 독자들이 시를 산문과 구별하는 주된 준거가 된다. 각운이 시행의 마지막에 서 있으므로 근대의 서정시에서는 자주 리듬 대신 시의 기초적 측정 단위를 의식하게 하는 과제를 떠맡고 있다. 릴케의 시 「폭풍」에서 고정된 운율을 찾아내는 것은 불가능하다. 다만 내재하는 운율이 시행들로 만들어진 시연을 구분할 뿐이다.

Wenn die Wolken, von Stürmen geschlagen,
jagen:
Himmel von hundert Tagen
über einem einzigen Tag—:

폭풍을 만나, 구름들이
도망가면:
백일의 하늘이
유일한 하루 위에 있다—:

중고독일어에서 'rîm'은 시행詩行이란 뜻이었다. 그 시행의 특징적인 마지막 말에서부터 새로운 의미 'Reim'이 생겨났다. 근대 서정시에서 수없이 많이 생겨나는 압운의 종류는 사라진 수많은 그리스 운율을 대체하고 있는데, 예를 들면 Paarreim쌍운, Kreuzreim십자운, umarmender Reim포옹운, Binnenreim요운, Schlagreim연속운, sumpfer und klingender Reim음향운, Alliteration두운, Assonanz모운 등등 수도 없이 많다. 고대의 제사송의 시행들이 끝날 때 사용하는 비탄이나 환호 소리가 많은 압운의 모태가 되었다.

압운은, 서로 아무런 관계가 없이 그저 음향만이 부분적으로 일치하는 단어들의 친족관계를 인정하여 양자 간의 유사성을 찾아내는 것이다. 이때의 친족관계란 그저 단어의 의미 없는 부분에까지 해당한다. "Schloss성"와 "Ross말"는 그저 'oss'란 부분을 공통으로 갖고 있을 뿐이고, "sehnen동경하다"과 "lehnen기대다"은 'ehnen'을 공유하고 있을 뿐이다. 이 단어들은 비밀언어를 생각나게 하는데 여기서의 공통부분인 'oss'와 'ehnen'이 그 비밀언어에서 어떤 의미를 포함하고 있을지도 모른다는 생각을 들게 한다. 압운으로 연결된 이 단어들의 일부분이 일상어에서는 아무 의미도 없기 때문에 시어에서 이 단어를 사용하면 같은 음향에 단어의 의미보다 더 깊은 의미가 감추어져 있을 것이라는 느낌을 들게 한다. 해석자들은 압운을 이루는 두 단어들 속에 의미연계가 있을 것이라고 즐겨 해석한다. 이런 해석자들은 알렉산더 포프Alexander Pope의 다음 준칙을 즐겨 인용한다. "소리는 의미의 반향으로 나타나야 한다."(The sound must seem an Echo to the sense.) 그리고 의미에 대한 기대가 이루는 공전空轉을 적나라하게 드러내기 위해 재치 있게 쓴 시들은 다양한 형식의 압운들을 생산해 내고 있다. 브레히트의 『가정용 설교집Hauspostille』에 있는 시 「오르크의 대답Orges Antwort」은 "geworden sei"에 대해 "Schweinerei"를, "wähler-"(ischer)에 대해 "Täler"를, "auszuruhn"에 대해 "kommun"을, "Fäkalie"에 대해 "Realie"를, 우연히 갖게 된 같은 음향이 음향 이상 아무것도 아니라는 생각이 들면 압운에서 기대했던 의미구성은 난센스가 되어 버린다.

플라톤은 『법률』에서 리듬을 "움직임 속의 질서"라고 정의한다. 음악처럼 리듬은 수數의 관계, 즉 엄격한 질서 형식에 기초한다. 노래 타입의 리듬 기초는 멜로디, 텍스트, 성악가와 연주날짜가 바뀌어도 그대로 존재한다. 문학창작의 영역에서는 오직 박자와 압운에서만 법칙들을 논할 수 있다. 시가 예배나 제사에 봉사했을 때, 합창단의 춤과 노래가 동반되었을 때, "움직임 속의 질서"를 위반한 모든 것은 춤추는 자의 장애이자 동시에 독신瀆神이었다. 신들의 마음에 들기 위한 향연을 베풀려는, 위험부담을 안은 시도는 성聖과 속俗의 규칙을 귀찮지만 지키길 요구한다. 이것은 특히 새로운 텍스트들을 전승된 리듬에 맞추려는 경우에 특별히 더 그러했다. 규칙에 얽매이지 않는 가까운 근대 문학 체계가 비록 고대 예배의 의무사항들에서부터 해방된 시기의 시를 살펴보더라도 압운 규칙에 그런 예배질서가 가졌던 여운은 그대로 남아 있다. 그 때문에 다양한 수의 텍스트에 비해 운율 규칙의 수는 일정하다. 수백만의 경구시들은 헥사메터와 펜타메터의 대구로 이루어진 디스티콘을 전형적인 고전 율격으로 중시하고 있다.

수백만의 소네트는 소네트의 14행 구조를 충족시킨다. 끝없이 많은 단어들의 연계가 그런 식으로 선택되어 그 강세의 순차가 결국 항상 4음보의 얌부스가 되고 만다.

반복에서 얻는 순수한 즐거움과 규칙의 강박은 이 반복을 근대의 심미적 의식에 대해 의심스러운 것으로 만든다. 왜냐하면 압운이나 음성을 위시한 모든 종류의 반복은 규칙을 중요시하기 때문에 이 반복은 천재성을 요구하는 근대에 장애물이 될 뿐이었다. 르네상스 시대에는 압운이 없는 시를 쓰려고 처음 시도한 사람들이 고대의 모범을 끌어대었다. 18세기에 독일 시인들은 박자나 압운을 따르지 않기로 한다. 시어가 리듬에 따른 수數 관계의 언어를 고려하지 않는 힘에 종속되기를 거부했다. 핀다로스의 숭고한 시나 시편의 시, 켈트족과 게르만족 음유 시인들이 운율을 알지 못했을 것이라는 오인誤認이 이런 저항을 부추겼다. 이들의 시형식이 가지고 있는 복잡한 운율체계는 클롭슈토크와 괴테를 포함한 그의 제자들이 그 고대인들의 '자유리듬'을 자유가 주어졌다고 생각한 세기에서 만들고 난 후에야 비로소 문헌학자들에 의해 발견되었다.

Ergeuß von neuem, du mein Auge,

Freudentränen!

Du, meine Harfe,

Preise den Herrn!

Umwunden, wieder von Palmen umwunden

Ist meine Harfe!

Ich singe dem Herrn!

쏟아내라, 새로이, 그대 내 눈이여,

기쁨의 눈물을!
그대 내 하프여,
주님을 찬양하라!
다시 휘감겨, 내 하프가
종려나무로 휘감겨 있도다!
내 주를 노래하리라!

클롭슈토크의 「봄의 제전」은 압운과 운율을 포기한다. 그러나 그 이외에는 서정적 언어전통을 충분히 유지하고 있다. 아무도 이 작품이 시라는 데 대해 의심을 갖지 않는다. 부름, 현재형으로 된 도취의 언어, 인쇄된 이미지에 있어서의 시행과 시연의 모방, 노래와 하프(실제 사용되지는 않았다)에 대한 언급은 시로 보기에 충분하다. 전에는 운율과 압운의 결과였던 반복이 이제는 어휘의 관계가 되었다. "Harfe하프", "Herrn주님", "umwunden휘감겨"과 같은 단어들은 각기 두 번 등장한다. 클롭슈토크의 시를 해석하자면, 감동적이고 인상적인 언어의 내적 동요가 그런 반복들을 몰고 가지, 주어진 규칙이 그렇게 몰고 가는 것은 아니다. 물론 산문과 혼동할 여지도 없다. 운율과 압운을 포기하고도 운율과 압운에 결부된 것으로 보았던 반복의 원칙을 지키는 것이 가능하다. T. S. 엘리엇의 시 「텅 빈 사람들The Hollow Men」은 같은 단어들을 반복함으로써 운율과 압운의 부족을 채우고 있다.

The eyes are not here
There are no eyes here
In this valley of dying stars
In this hollow valley

This broken jaw of our lost kingdoms

눈들은 여기에 있지 않다
눈들 같은 것은 여기에 없다
죽어가는 별들이 떠 있는 이 계곡에는
이 텅 빈 계곡에는
우리 잃어버린 왕국들이 남긴 이 심연만 있다

20세기에 서정시와 산문 사이의 간격이 의식적으로 축소된다.

Hey!
Can I have some more
milk?

YEEEEAAAAASSSSS!
— always the gentle
mother!

여기요!
우유 좀 더
주실래요?

그으으으래애애애애!
— 항상 친절한
엄마!

이 단어들이 연결되는 순서는 소리로 말하는 시간의 순서와 같다. 윌리엄 카를로스 윌리엄스William Carlos Williams의 텍스트는 어떤 고유한, 물리적인 연대기를 벗어난 시간을 요구하지 않는다. 그럼에도 독자는 그것을 시로 받아들인다. 왜냐하면 시인이 일상의 대화를 각 3행이 든 2개의 연으로 구분하기 때문이다. 즉 이 텍스트는 여전히 반복이라는 서정시의 법칙을 따르고 있다. 서정시가 행으로 특별하게 나뉜다면 독자는 이런 질서에서 일치점들을 찾게 될 것이다(그런 일치점들은 추측건대 "hey"와 "yes", "milk"와 "mother"에서 발견할 것이다). 시 텍스트가 그저 시의 미학적 준거에만 집중하거나 자기 맘대로 행의 길이를 쓴다 해도 그 텍스트는 이미 반복들을 발견하려는 욕구를 일깨울 것이다 — 텍스트에서 독자가 비록 아무것도 못 찾는다 해도.

7_축제

GEISTERSPRACHE - Zweck und Mittel der Lyrik

춤과 노래는 축제의 의식에 속한다. 오늘날에 이르기까지 예배, 성탄절 행사, 지역 축제에 등장하는 춤꾼과 합창단, 가수들은 축제와 노래의 전통적인 통일성을 지니고 있다. 4년마다 아폴론 신에게 제사를 지내기 위해 파르나소스 산 밑에서 이루어졌던 퓌티아의 경연 후에 승리의 축제를 위해 핀다로스는 여러 편의 송가를 지었다. 첫 번째 송가는 아폴론 신의 "금빛 하프"와 뮤즈들을 칭송하면서 시작한다. "기쁜 축제의 시작인 춤사위가 당신에게 복종하도다/ 노래하는 합창단은 당신의 눈짓을 따른다." 핀다로스의 송가는 구체적으로 스스로 충족해야 할 과제의 틀을 제시하고 있다. 그 과제란 춤과 노래와 악기로 시작할 신의 축제를 말한다. 이 송가는 제우스 축제가 열린 시칠리아에서 불렸는데, 그 축제는 기원전 470년 퓌티아 전차 경기에서 승리한 군주 아이트나의 히에론이 제우스 신과 아폴론 신에게 감사함으로 진설陳設하였던 것이다. 서막시에서는 신을 불러 그 신에게 축제와 승리한 전사의 운명을 보살펴 주도록 과제를 안겨 준다. "세상을 만드신 제우스신이여 […] 나의 간청을 들으소서. 제우스신이시여, 주소서 […]". 축제는 부름과 간청을 위한 가장 효과적인 환경을 만들고 있다. 그 이유는 제물, 장신구, 색채, 음향, 몸동작에 필요한 노력이 신들로 하여금 서정적으로 음송한 소원들에 관심을 가지도록 하며 그것을 이루어 주도록 할 수 있기 때문이다. 부른 신이 — 비록 보이지는 않지만 느낄 수는 있다 — 그의 이름으로 된 축제에 나타나면 이 시간에 인간들은 신들의 삶에 참여하게 된다. 넘쳐 나는 쾌감과 — 신이 부유하는 것과 같은 춤처럼 — 특별한 몸짓과 신들의 언어에서 얻어 온 음향과 말들로 가득하게 된다.

축제들은 특별한 의식 없이 넘어설 수 없는 삶의 문턱들을 나타낸다. 그 때문에 생일, 성년식, 결혼, 죽음, 전쟁과 승리, 새로운 관직, 연중 곡식의 파종과 추수, 하지와 동지에는 성대한 잔치가 이루어졌다. 일상에서 도취상태로, 저녁에서 밤으로, 깨어 있음에서 잠으로, 평화에서 전쟁으로 넘어가는 길목, 한 사람이 지구에 태어나고 지구를 하직하는 순간이라는 모든 문턱에는 위험이 도사리고 있다. 그 때문에 음주가, 세레나데, 자장가, 군가, 봄의 시, 방랑시, 만가輓歌 등이 필요하다. 서정시의 잘 다듬어진 형식은 부른 신들의 도움을 받아 혼돈의 위협에 대처한다. 그 때문에 모든 희생은 그 앞에 기도를 필요로 한다. 호메로스의 서사시들을 음송했던 음유 시인들의 화려한 낭송까지도 소위 말하는 '호메로스 찬가'를 먼저 불렀다. 나중에도 시가들은 구체적으로 축제를 여는 자신의 과제를 노래한다. 중세의 성가들은 자주 축제를 위해 모였던 교인들에게 지금 노래하자는 요구로 시작한다. 성탄절 축제 때는 "감미로운 기쁨 속에서/ 지금 노래하고 즐거워할지니"라고, 공현절 축제에는 "하나님의 이름으로 찬양하고 기리네/ 성스런 별을 보고 온 동방박사 세 사람을"이라고, 고난행렬에 앞서서는 "하나님의 이름으로 행렬에 참여하리라/ 그의 은총을 바라노라"라고 노래한다. 1793년의 「자유 마인츠인들의 음주가」는 프랑스 군대로 인해 얻은 자유를 기념할지 이정표를 제시한다.

> 이제 애정 어린 술잔을 나뭇잎으로 장식하고
> 기쁨으로 그 잔을 비울지니
> 우리의 조국을, 너희 술꾼들이여,
> 어떤 폭군도 압제하지 못하리!

이런 노래는 "이제"란 말을 많이 쓰는데 이와 더불어 축제의 시작을 알린다. 예상되기는 했으나 그럼에도 갑자기 시작하는 노래는 축제 전의 형식 없는 시간을 제의에 따라 형식화된 축제의 고유한 시간과 분리해야 할 과제를 안고 있다. 계속된 축제의 진행과정에서도 특정한 고비에서 기도를 하고 노래를 부른다. 예배에 대한 고대의 기술을 보면 이미 노래가 축제의 진행과정에서 기능에 따라 분류되었다는 것을 알 수 있다. 제단으로 나아가는 노래가 있고, 제단 주변에서 춤을 추며 부르는 노래가 있고, 서 있으면서 부르는 노래가 있다. 자율적 개별 시는 비교적 근대의 현상이다. 원래 모든 시는 다른 시들과 결부되어 전통적으로 주어지고 집단적으로 인정된 제의를 따랐다. 노래와 기도가 어떤 방식으로 의식을 분류했는지는 다리우스 왕의 무덤에서 벌어진 장례식을 다룬 아이스킬로스의 비극 『페르시아 사람』이 잘 보여 주고 있다.

개중에는 늦어도 근대에 와서 서정시와 축제가 서로 더 이상 관련이 없다고 반론을 제기하는 사람들도 있다. 그러나 우리가 오페라의 아리아나 연극무대의 노래Songs를 보면 아티카 비극에서 상연되었던 것처럼 제의적 사건들을 상기시킨다는 것을 알 수 있다. 물론 이런 서정시 대본들은 세속적 틀에서 그 옛날 제사의 필연성을 상실한 것이 분명하다. 19세기와 20세기에 고안된 소위 말하는 "축제극"은 참가자들의 미학적 · 오락적 만족 이상의 것을 추구하지는 않는다. 오늘날 우리는 특별한 축제에 초대되어 개인적 동기로 시를 쓴 오직 즉흥시Casualcarmina만을 목적을 가진 — 그래서 문학에서는 격이 낮은 위치를 차지한 — 시로 인정할 수 있다. 그럼에도 축제의 원시적 유산은 시에서 파악할 수 있는 모든 상황이 근대의 서정시에서도 축제적 성격을 받아들이도록 영향을 미친다. 아침과 저녁, 방랑, 사랑, 출향과 귀향, 봄과 가을은 시가 그것을 언급하는 순간 축제적 사건이 된다. 서정시의 이런 상황들 중 다소간은 과거 축제가 이루어졌던 바로 그곳에 위치하기도 한다. 시에서 아주 많이 다룬 나무들, 숲들, 샘들은 고대에 지성소들이었다. 음주가는 그리스 안테스테리오스의 포도주 축제와 향연의 개인적 장소로 명맥을 유지하고 있다. 봄의 노래는 계절을 새로운 성장으로 맞이하는데, 여러 날에 걸친 디오니소스제전이 나중에는 부활절 축제가 되었다. 연애시는 한 남자가 신부를 얻어 결혼하려는 구혼가의 전통에 서 있다. 헵벨의 「가을 심상」("오 방해하지 말지어다, 자연의 향연을!/ 이것이야말로 자연의 향연이 스스로 취한 수확이로다"), 릴케의 「가을날」("주여 때가 왔습니다 […] 마지막 과일들이 익게 명령하여 주시고")이라는 시는 추수 축제를 할 때 부른 노래였다.

20세기에 와서조차도 시 낭송자의 등장은 성스런 행위를 기억하게 한다. 잘 꾸며 놓은 공간에 앉아 조용히 귀 기울이고 있는 청중들 앞에서 시는 감정을 실은 음성과 위의威儀에 찬 몸짓과 화려한 복장을 한 사람에 의해 낭송된다. 클롭슈토크와 그의 숭배자들은 지은 시들을 그 시를 위해서 마련한 축제의 한가운데 두었다. 그 시대의 핵심적인 시라 할 수 있는, 찬가 같은 시 「봄의 제전」은 절기의 달력에 일찍이 기록된 바 없는 축제를 위한 행동을 부추긴다. 클롭슈토크의 공동체는 사방에서 환호를 받는 시인들과의 만남과 그들의 송가를 들음으로써 축제를 벌인다. 이 축제는 지금까지 존재했던 축제와는 전혀 다른 서정시를 위한 새로운 축제였다. 근대 서정시의 위계에 있어서 최고의 명성은 고대 그리스 문화의 축제에서 벌어진 장르, 찬가와 송가가 누리고 있었다. 이 장르들은 18세기에 비록 신성한 것은 아니지만 숭고한 것으로 인정되었다. 과거 언젠가 인간들로 하여금 신적인 지위를 얻게 하였던 것은 숭고하다. 그러자 제의적인 서정시의 종교적 차원은 심미적 경험이라는 이름으로 바뀌게 된다. 서정시는 단순히 고대적 축제의 과정에만 쓰이는 것이 아니라 그 구조가 이런 축제에서 나와 인상 깊게 각인되어 근대의 문턱에까지 작은 규모의 축제로 자리하게 되었다.

일상적인 상황에서 무엇인가를 전하려 한다면 그것은 다양한 방법으로, 즉 이런저런 종류의 말이나, 다소간의 문장들로 표현될 수 있을 것이다. 하지만 시에는 그 요소들의 많은 부분들이, 이를테면 장르, 문체의 수준, 운율의 종류, 범위, 시를 음송할 장소와 시간들이 그 시가 발생되기도 전에 주어져 있다. 시가 전달하려는 내용이 새롭다 하더라도 그것은 확정된 형식의 틀 안에서 만들어져야 한다. 전승된 축제의 순서가 그때마다의 축제날에 선행하듯이 시의 전통은 시인의 작품에 선행한다. 이것은 마치 가면이 가면을 쓰는 사람에 선행하는 것과 같은 이치이다. 시의 기능과 형식을 가면과 비교하는 것이 그리 빗나간 일은 아니다. 그리스 연극에서만 배우나 합창단이 말하거나 노래한 것만이 아니다. 몇몇 축제들에서도 신들과 영웅들, 짐승들의 가면을 쓴 사람들이 노래를 부르거나 말을 했다. 축제는 참여자들에게 말하자면 그때그때 필요한 '가면들'을 쓰고 그때그때 유유자적하거나, 즐겁거나, 신들려 있거나 슬픈 모습을 보이는 역할을 하도록 부추겼다(노래나 시들의 이름은 — 혼례가, 음주가, 만가 등은 — 이미 그때마다 적절한 표현을 확정지어 놓았다). 가면을 쓴 개인이야 바뀔지언정 이 가면은 항상 그대로 머물러 있고 그 가면으로부터 근원의 목소리, 변함없이 다시 회귀하는 자의 목소리가 낯설게, 확대된 채 나온다. 가면은 개인적인 목소리를 규범화하고 그 목소리를 역할에 맞추도록 한다. 전승되어 일정한 형식을 가진 서정시의 장르들은 가면처럼 시인의 변주 가능성들을 틀로 정해 놓고 있다.

축제일의 수가 노동일의 수보다 적다. 성지聖地는 넓은 세속지世俗地에 비하면 좁게 둘러쳐진 장소에 불과하다. 시적 묘사 또한 산문적 표현의 거대한 수와 비교한다면 희귀한, 그리고 짧은 사건일 뿐이다. 서정적 말하기의 바로 그 희귀성이 전통적인 문화에서는 기쁨의 동기였다. 그 언어는 일상을 넘어선 진술이다. 낭만주의 문학에서 드러나는 서정시의 주변성은 축제 분위기가 곧 일상에게 다시 자리를 내줘야 한다는 비판의 계기가 된다. 하지만 서정적-축제적 예외 상황을 순간적으로 체험함으로 인해서, 그리고 다른 자아로 고양되고 변화되는 과정에서 시민세계의 이성주의에 대한 낭만주의의 반발은 그 격한 감정을 토로한다. 근대 서정시의 창시자들은 — 보들레르, 랭보, 말라르메 — 시의 예외 상황을 모델로 삼아 시인을 특별한 존재로 영웅화하기도 했다. 슈테판 게오르게는 산문세계의 지배를 영원히 벗어나기 위해 서정시의 축제적 형식을 축제적 삶의 형식과 결부하였다. 게오르게 동인들은 함께 모여 선택된 자들을 위한 영원한 축제를 벌였다. 이 축제에서는 시를 숭배하는 과정에서 생긴 형식, 아름다움, 의식, 일상과의 거리 두기에 가치를 두었다. 이 동인에 들어가는 입사과정Initiation은 "시를 불러옴"이라는 의식을 행하면서 이루어졌다. 게오르게의 제자인 막스 코메렐Max Kommerell은 서정시의 급진화를 시도하면서 이런 질문을 던졌다. "시는 믿어져야 하는 것 아닌가?" 그리스 문화에서 수많은 신을 차용해 왔음에도 불구하고 게오르게는 축제를 받아야 할 신을 명명할 수 없었다. 게오르게를 믿고 추종했던 제자들은 "스승"의 인격이나, 그가 존재하지 않을 때는 그가 아주 예술적으로 만든 시집들을 시의 대체물로 삼았다.

서정시의 역사를 살펴보면 축제의 포기가 축제적인 것으로의 회귀로 대체되는 것을 볼 수 있다. 시가 축제에서 해방되어 서정시의 고유한 발전이 이미 그리스 축제에서 시작되었다는 것은 경이로운 일임에 틀림없다. 축제 의식의 규정을 위시해서 기도와 합창단의 장르명과 리듬이 그대로 머물러 있었던 반면, 노래의 텍스트는 한두 해 지나면서 바뀌어 나갔다. 축제를 위해 선정된 합창단 시인들은 자랑스럽게 "새로운 노래"를 쓰겠다고 약속했고, 그와 함께 그런 새것으로의 교체를 싫어하지 않았던 축제 주관자와 참가자들의 기대를 충족시켰다. 축제를 제의적으로 반복함에 있어서 반주되는 노래들이 바뀌는 것은 심미적 관심을 불러일으켰다. 축제에 자기 서정시가 선택되기 위해 전문적인 시인들은 경쟁을 했다. 기원전 7세기 이후에 우리는 이들의 이름을 찾아볼 수 있다. 알크만은 스파르타에 모인 축제 관객들에게 "결코 들어보지 못한 노래"임을 천명했다. 자신의 독자적인 능력을 드러내기 위해 그가 쓴 수많은 새로운 노래들에 자신의 이름을 붙였다. 그때부터 축제가를 원초적이고, 신들에 의해 전해지는 강제하는 형식으로 더 이상 보지 않게 되었다. 알크만의 동시대인인 프라티나스도 비슷하게 "새로운 나라의 한가운데를 갈아엎어/ 에올리아 노래를 만들었노라"고 자기 자랑을 했다. 그 이후로 새로운 것, 창의적인 것이 시에서 더 이상 성속의 제의를 위반하는 것이 아니라 특별한 시인의 능력으로 간주되었다.

그리스 축제 관습에서 보인 이런 변화의 결과, 즉 여러 시인들이 선택되기 위해 시로 경쟁하고 그 새로움에 대해 보상을 받는 결과는 공공연하게 이루어졌고 상당한 영향력을 미쳤다. 가수와 점쟁이라는 개념의 "아오이도스aoidos"로부터 창조자이자 만드는 사람이란 뜻의 "포이에테스poietes"라는 개념이 생겨났다. 이런 혁신의 이유가 무엇인지는 수수께끼로 남아 있다. 우리가 그 이유로 추론할 수 있는 것은 수많은 그리스 축제와 결부되어 있던 스포츠 경기들이 전체 축제의 성격에 영향을 미치고 동시에 합창단원들, 합창단장, 시인들에게 일종의 경연 같은 것이 되게 자극을 했다는 추측이다. 항상 새롭게 등장하는 승자와 함께 그들에 맞춰진 경연에서 우승한 노래들이 바뀌었다. 핀다로스의 송가에서 보듯이 그 노래들은 스포츠 영웅들의 개인적 출신과 역량을 기렸기 때문이다. 스파르타의 소녀 윤무를 위한 알크만의 합창은 늘 같았던 예배송을 포기하고 그 대신에 일회적인 텍스트로 대체할 것을 "알콘과 다른 영웅들은/ 노래에서 빼버리자"고 예고한다. 그 이유는 말하자면 표준화된 칭송으로 일관하는 관객이나 시인들은 이런 스파르타의 신화적 영웅들에게는 권태로운 것이기 때문이다. 그 대신에 바로 지금 일어나는 축제에 모습을 드러낸 소녀들에게 눈길을 준다. "노래하자/ 아기도의 영광을!"그리고 경주마와 같은 그녀의 여동생 하게시코라를 노래한다. "상들을 받고, 울부짖고 땅을 구르는/ 꿈에서 튀어나온 말 같도다." 이런 비교는 스포츠 경기자가 서정시를 음송하는 자에게 미친 영향이 의미 있다는 것을 보여 준다. 이 모든 것은 새로웠다. 말하자면 합창단 윤무의 두 참가 소녀들, 이 소녀들을 알크만이 놀랍게도 경주마와 비교한 것, 그리고 달리기 선수들을 이 시적 상상으로 칭송한 노래 그 자체처럼 이는 단지 한 번만 보고 들을 수 있었다.

시가詩歌 텍스트의 특수성은 그 텍스트를 문자로 기술하고 필사하여 돌려 본다는 점이었다. 그래서 그 텍스트는 축제가 끝난 이후에도 필요한 자들이 읽었고, 개인이 소장하거나 공공 도서관에 보관하여 젊은 작가들이 그것을 모방하든지 그보다 더 좋은 시를 쓰게 하였다. 무수한 수의 축제와 축제 의식 내에서의 다양한 상황에서 발생한 무수한 수의 시 장르 아래서 이제 시인은 축제와는 멀리 떨어진 채 자신의 취향과 재능에 따라 원하는 것을 고를 수 있게 되었다. 사서이자 동시에 문헌학자였던 알렉산드리아의 시인들은 찬가와 송가, 비가悲歌들을 마치 축제에 사용하기라도 하는 것처럼 계속 짓기도 하였지만 실제적으로 이들은 좋은 독자들에게 잘 보이기 위해, 그리고 문학적 정전에 포함될 수 있게 하기 위해 시를 지었다. 축제로부터의 — 상실과 해방을 한꺼번에 포함한 — 분리를 통해 서정시는 문학이 되었다. 이미 고대의 시학들은 오늘날 문예학 사전들처럼 서정시의 개별 장르들을 다양한 텍스트 종류들로 분류했고 이들을 축제에 근거한 어떤 것으로부터 해방시켰다. 이교도적 축제는 망각되었으나 텍스트들은 꾸준히 필사되거나 음송되면서 수백 년을 이어져 왔다. 이것이 고대 이후의 문학을 고대문학과 분명하게 구분하였고, 동시에 고대의 형식들을 되살펴 보도록 하였다. 축제에 봉사하던 시가 해방됨으로써 서정시의 세속적인 역사가 생겨나게 되었다.

서정시와 축제의 연관관계는 고대 그리스 문화에서처럼 그렇게 긴밀하게 유지되지 않았다. 그저 흔적만 남은 채 그 관계는 지속되고 단지 부분적으로만 반복될 뿐이었다. 성가와 기도들은 아직도 꾸준히 교회축제와 예배에 동반되었다. 특히 군주국에서는 주문을 받아 국가적 축제에 축하시가 쓰이곤 했다. 그리고 민주사회인 오늘날도 실러의 「환희의 송가Ode an die Freude」처럼 베토벤의 곡에 얹혀 국가의 행사에 일정한 위엄을 지닌 채 불려진다. 옛날 노래든, 새로운 노래든, 오늘날까지도 개인적인 생일에 불리고 있다. 노래와 시는 그것을 소풍이든, 동호인들의 모임이든, 즐거운 모임에 자주 불리어 그들을 현실에서 벗어나게 하고 다른 모든 축제처럼 귀신들로부터 보호받게 한다. 그런 국가적 · 시민적 축제의 참가자들은 종전에는 그들이 문학을 모르고 책을 읽지 않더라도 어떤 경우든 시와 관계를 맺고 있었다. 추측건대 19세기까지 크고 작은 축제를 위해 생산된 그리고 삶과 결부된 시들의 수가 시 예술의 자율성을 인정받아 문학의 장르에 속하였던 시대의 시들의 숫자를 훨씬 능가할 것이다.

시가 축제의 속박에서 벗어났지만 시어가 가지는 축제적 성격은 보존되어 있다. 시의 언어는 과거 언젠가 숭고한 존재들을 축제로 초청할 때 사용한 부름, 탄원, 간청 같은 언어를 보존하고 있다. 비록 축제를 벌이고 칭송할 신들, 영웅들, 왕들과 알레고리들이 없다 해도 자신을 겨냥한 시인은 삶의 모든 순간들을 예기치 않은 축제의 격조로 표현한다. 윌리엄 카를로스 윌리엄스는 뒷마당에 벌어지는 축제적 아름다움을 그려 내기 위해 손수레를 보는 것으로 만족한다(물론 종이를 낭비하면서 그 위에 표현하는 것은 필요하다).

so much depends

upon

a red wheel
barrow

glazed with rain
water

beside the white
chickens.

(저렇게도 많은/ 것들이// 붉은 손수레에/ 매달려// 빗물에 반짝이고/ 있다// 흰 닭들/ 옆에서.)

현대 서정시의 대리자들에게 축제는 메타포로 쓰여 시의 목적 없는 목적을 표현한다. 말라르메는 현대 시인들은 "고독한 축제"를 위한 시구들을 "정화해야 할" 임무를 띠고 있다고 말한 바 있다. 발레리는 시를 "지성의 축제"라고 에둘러 표현한 적이 있다. 베를렌의 연시는 오래전에 지나간 "화려한 잔치Fêtes galantes"의 시다. 언젠가 고의古儀적 서정시의 특수한 과제였던 것이 후기의 유산에서는 지적 회상과 내적 고양의 언어로 바뀌었다. 시적 상상이 이루는 그런 고독한 축제는 말라르메의 「축배Salut」라는 다음과 같은 시로 시작된다.

Rien, cette écume, vierge vers
A ne dé signer aue lq coupe

(무無, 이 거품, 순결의 시구詩句
한갓 술잔을 가리킬 뿐.)

현대 서정시의 형이상학적인 장소인 무無에서 고대 축제의 요소들이 다시 등장하는데 그것은 다름 아닌 시구, 순결(처녀), 술잔을 말한다. 발레리가 선언한 "순수시poésie pure"나 "절대시poésie absolue"는 그들이 고대의 의무, 즉 축제의 봉사를 상기하고 이 의무를 수행하는 경우에만 순수하고 절대적이다. 공동체의 축제를 위한 시녀로부터 시는 고독한 축제의 주인으로 우뚝 솟아났다.

8_공동체

1858년 이래로 독일에는 대학생들이 모여 베푸는, 축제적 형식이라 할 수 있는 학생들의 주연酒宴 때 함께 부르는 노래를 모아놓은 가요 전집인 『독일일반대학생가요집Allgemeine Deutsche Kommersbuch』이 전해온다. 1914년에 출판된 100쇄본의 서문에서 편집인 에두아르트 하이크Eduard Heyck는 현대 서정시가 이 노래집에 비해 큰 성과가 없음을 반어적으로 표현하고 있다. 그는 그 까닭을 "현대의 시가 너무 지나치게 자아-예술로 접어들었기" 때문이고 "현대시의 옹호자들에게는 노래가 없기" 때문이라고 보았다. 나아가 현대시에는 합창 속에서 존재하는 노래의 "고귀한 통용성"이 없다고도 했다. 최소한 대학생가요집의 매출과 이용만 해도(2008년 165쇄, 2010년에는 문고판으로도 출간됨) 현대의 문학을 경멸한 사람이 옳다는 것을 말해 준다. 사교를 위해 만들어진 서정시 텍스트들과 비교해 문학비평과 문예학에서 정전으로 삼았던 "지나친 자아-예술가들"의 텍스트들은 서정시의 역사에서 때늦은, 그리고 주변적인 현상에 불과하다. 이것은 그저 지식인이나 애호가들의 소집단만이 찾을 뿐이다. 괴테와 아이헨도르프, 그리고 울란트의 시들만 해도 가요집들에 들어가 있으나 호프만스탈, 릴케, 그리고 게오르게의 시들은 없다 — 일반인들이 도대체 이런 비의적인 텍스트들을 어떻게 노래로 부를 수 있었겠는가?

18세기 이래로 고독은 서정시의 두드러진 주제였다. 스스로 누가 자신의 시를 언제, 어디서, 무엇에 쓸지 알지 못했던 그 시인들도 고독했다. 서정시인은 조용히 혼자서 이 격리된 시를 읽고 뭐라고 말할 수 없는 감동을 받을 익명의 독자를 기다릴 뿐이었다. 이런 방식의 독서에서 탄생한 바로 그 고독의 감정은 서정시의 일반적인 특성이 되었다. 순수한, 고독에서 경험된 시문학에 대한 근대의 보편적인 생각에 맞서기 위해 브레히트는 그의 서정시집 『가정용 설교집』에 "이 시의 사용법"을 맨 앞에 붙여 놓았다. 루터가 한 말을 가리키는 제목처럼 실제로 『가정용 설교집』의 몇몇 시들, 가령 「입김의 예식Liturgie vom Hauch」이나 시 분과들에 있는 「기원순서Bitttgänge」나 「연습Exerzitien」 같은 시들은 기독교적 예식의 개념들을 가져온다. 이집트 찬가와 유대의 시편 맨 앞에는 그것들이 낭송되고 회중들 앞에서 불리는 것이라는, 즉 집단에 전해지는 것이라는 지시가 쓰여 있다. 이런 방식으로 서정시를 필요로 하고 사용하는 사람들을 우리는 수용자가 아니라 사용자라고 말하는 것이 더 낫다. 그 이유는 수용자란 표현이 주관적이고, 다른 해석을 위한 다양한 독자의 태도를 말하기 때문이다. 그에 반해 서정시의 사용자는 자신이 일정한 시간에 특수한 목적을 수행하는 데 관심을 둔다. 이를테면 춤추고, 행진하고 술을 마시도록 기분을

돋우며, 병을 퇴치하고, 지혜를 가르치며, 좋은 신들을 불러오는 일을 수행한다.

시는 사용 가능성으로 인해 그저 들을 뿐인 산문과는 구별되고, 사건에 관여하지 않고 그저 볼 뿐인 연극과도 구별된다. 노래와 시는 함께 참여하도록 추동한다. 이 노래와 시는 목소리와 운율을 운동하게 하고, 서사나 드라마처럼 멀고 지나간 사건에 대해 보고하는 것이 아니라 현재의 시제로 가수, 낭독자, 합창단이 이 소리를 듣는 사람과 공유하는 현재 움직이는 욕망을 표현한다. 대부분의 시에서도 마찬가지지만 낭송할 때 "나" 혹은 "우리"라고 말하는 자는 자신이 말하는 것을 실행할 어떤 의무를 가지거나 적어도 느낀다. "우리는 쉰다. 물의 요람에서,/ 사람들 속에서 친하게 그리고 가깝게"(Wir ruhen, vom Wasser gewiegt,/ Im Kreise vertraulich und enge)(요한 가우덴츠 폰 잘리스-제비스Johann Gaudenz von Salis-Seewis가 1798년에 지은 시: 옮긴이 주)는 그것을 실제로는 그렇게 하지 않을 경우에라도 노래로 부르거나 큰소리로 낭송하는 자들의 적절한 행동으로 「뱃길에서 노래 부르기」를 요구한다. 시의 실용적 목적은, 그 시가 구술적 낭송을 넘어 문어적 형식으로 넘어가면서 쉽게 상실된다. 목적만이 독자의 기억과 상상 속에서 계속 살아 있다면 서정시는 소설이나 드라마의 허구적 장르와 유사해진다. 그러나 텍스트의 새로운 실용적 구현은 배제되지 않았다. 독자는 요한 가우덴츠 폰 잘리스-제비스의 뱃길에 대한 노래를 자신이 그것을 암기한 후에 배를 타고 갈 때 노래로 부를 수 있다. 여행노래 책에는 학생들이나 동호인들이 암기하는 노래들이 있고 실제로 이들은 여행할 때 그 노래를 부른다.

그리스어로 쓰여 곡식을 빻을 때 부른 노동요가 전해지는데, 이 노래는 맷돌을 움직이는 손의 리듬을 따른다. "Alei, myla, alei"(빻아라, 방아야, 빻아라!). 노래가 동반되면 딱딱한 대상인 맷돌을 마치 말을 걸 수 있고 방아질하는 자의 자리에서 일을 하는 것처럼 노동의 수고는 경감된다. 말, 리듬, 멜로디는 인간의 힘든 노동으로부터 어렵지 않은 유희를 만들어 낸다. 근대의 서정시가 옛날의 목적성을 보여 주는 이 견본을 다시 받아들이지만 실제적 사용과 문학적 모방 사이의 차이는 곧바로 눈에 띈다. 콘라트 페르디난트 마이어Conrad Ferdinand Meyer의 「씨 뿌리는 자의 잠언」은 — 시는 이렇게 시작한다. “Bemeßt den Schritt! Bemeßt den Schwung! Die Erde bleibt noch lange jung!” (정확하게 발걸음을 떼라! 씨를 바로 뿌려라! 흙은 아직 싱싱하니!) — 실제로 씨 뿌리는 자가 한 말도 씨 뿌리는 자에게 한 말도 아니다. 그보다는 밭 경작을 결코 하지 않을 독자들이 밭 경작자들에게 소리쳐 말을 전하여 이들이 일을 쉽게 해 나갈 수 있기를 상상한다. 그러나 어떤 독자도, 그가 비록 시골로 소풍을 떠날지라도 이 시를 알맞은 상황에 가져 갈 기회를 얻지 못한다. 이 시는 일을 위해 아무 데도 쓸모없는 노동 잠언일 뿐이다. 이 시구들이 있어야 할 장소는 그저 시집 속일 뿐이다.

그리스 시학은 서정시를 두 그룹으로 나눈다. 하나는 신들을 위한(또는 신들에게 보내는) 노래들(eis theous)이고 다른 하나는 인간들을 위한 노래들(eis anthropous)이다. 신들을 위한 노래로는 찬가(Hymnos), 순례가(Prosodion), 액땜을 위한 기도(Paian), 디오니소스 찬가(Iobakchos), 플루트에 동반된 디오니소스 숭배를 위한 노래(Dithyrambos), 신들이 내려 준 법률(Nomos), 아도니스 애가(Adonidion), 춤노래(Hyporchema)가 있다. 인간들을 위한 노래로는 찬송가(Enkomion), 승전가(Epinikion), 음주가(Skolion), 연애시(Erotikon), 신부 앞에서 부르는 세레나데(Epithalamion), 결혼식 축가(Hymenaios), 풍자노래(Sillos), 만가輓歌(Epikedion) — 이렇게 그 종류가 끝도 없다. 모든 서정시 장르는 무엇을 "위해" 존재했다. 그러므로 이들은 무목적적 시문학이 아니다. 이런 목적에 따른 분류는 그리스 고전시대로만 끝나지 않는다. 18세기 독일 시집들의 제목들도 그 사용처를 말해 주고 있다. 독일의 보모를 위한 자장가, 소녀들을 위한 짧은 노래들, 학교와 집에서 부르는 노래들, 청소년들을 위한 24곡, 뷔르템베르크와 다른 슈바벤 지방 사람을 위한 애국가, 소박한 자연 동호인들을 위한 민요와 다른 가요들, 감성적 영혼을 위한 민요와 가요들이 있는데, 이 중 마지막 것 두 개는 분명한 목적에서 어렴풋한 서정을 위한 노래로 넘어감을 보이고 있다. 19세기에 널리 보급되어 있던『포근한 향토 민요집』에는 그 모음집의 3부와 4부 목차에 선정한 시가 어울리는 노래 사용처들이 서술되어 있다. 이를테면 다양한 모임에 부르는 잔치노래, 남자들 모임을 위한 특별한 음주가, 지방에서 부르는 노래, 아이 세례식, 즐거운 잔치노래, 상인들과 잡화상을 위한 노래, 거지들을 위한 노래, 모든 독일 축제에 쓰이는 노래가 있다. 전치사 "~를 위한", "~에서", "~에"는 서정시 텍스트와 사회적 상황과의 목적적 관계를 나타낸다. 말할 것도 없이 이런 목적적 서정시는 간결하고 포괄적인 "자연"과 "인간"이라는 주제를 가지고 있는 매우 중요한 부분들을 전제하고 있다. 목적성은 그래서 시적인 수준이 낮음을 나타내는 특성이 되었다.

지역적으로 제한된 과제를 갖고 있었으나 나중에 예술작품의 수준까지 이른 민요의 사례들이 충분히 많이 있다. 베네치아의 뱃노래는 사공들과 곤돌라꾼들에게 수상에서 서로 신호하고 어둠이나 안개 속에서 충돌을 방지하도록 도움을 주었다. 18세기 이래로 베네치아의 여행자들이 이 노래로 부른 환호소리가 마음에 든 후, 이 노랫소리들은 시인들이나 작곡가들에 의해 수도 없이 애용되었다. 괴테는 시대의 기호를 찾은 것처럼 뱃사공들의 실용적인 소통에서 현대적 영혼의 모습을 들을 수 있었다. "노래는 멀고도 넓은 곳을 향한 고독한 사람의 것이다. 그래서 다른 사람, 같은 정서를 가진 사람은 그 소리를 듣고 대답하게 된다." 니체의 베네치아 시에서는 같은 정서를 가진 사람이 결코 알아듣지도 못할 고독한 시인의 상이 드러난다.

> 내 영혼, 하나의 현악, 거기에 맞춰
> 보이지 않는 감동으로
> 비밀스레 곤돌라의 노래를 불렀다,
> 찬란한 행복감에 떨면서
> — 누군가 내 영혼의 소리를 들었을까? […]

우리는 사라진 삶에 대한 후주後奏를 아직 낭만적 서정시에서 들여다볼 수 있다. 여기 낭만주의 서정시들에는 자장가, 기도, 이별의 노래, 세레나데가 있지만 이 모두 잠에 들거나, 기도를 하거나, 이별을 하고 저녁에 사랑을 얻기 위해서 필요한 것들이 아니다. 고독한 시는 동경을 품고 공동체를 만든 실제 장면을 회상한다.

고독을 한탄하고 동시에 그것을 위한 축제를 벌이는 낭만주의와 근대 서정시의 강령에 대항하여 스스로 특별하게 보이기를 원했던 집단들은 계속 노래를 통하여 공동체의 새로운 의식을 이어 나갔다. 1815년 튀빙겐의 『대학생 가요와 민요집』은 대학생 학우회 구성원들이 노래를 부를 때 어떤 행동을 해야 할지 정확한 행동지침을 알려 준다. 신성한 행위 앞에 있는 것처럼 모인 사람들은 우선 자리를 잡을 것, 그리고 조용히 할 것을 요구받고 있다. "AD LOCA!

SILENTIUM!"(자리로! 조용히!). 노래 자체가 노래하는 중에 무엇을 해야 할지를 명령한다.

> 형제들이여, 죽 둘러앉으라,
> 그리고 아버지들이 가르쳐 준 방식으로 마셔라,
> 잔들을 비우고, 모자를 흔들며
> 자유로운 학우들의 건강을 위하여 건배!

합창은 선창자의 구절, "잔들을 비우고…"를 후렴으로 반복한다. 매 연連 이후에 만세란 말이 울린다. 다른 상황에 직면하면 변주가 가능하다. "——의 용기가 흔들리지 않도록"에 빠진 이름이 채워질 수 있도록 노래에 대한 설명에는 "옆줄 두 개가 그어진 곳은 항상 뮤즈들의 자리, 그러니까 대학 이름이나 노래에 해당하는 친구의 이름을 넣는다"라고 쓰여 있다. 대학생 가요집의 많은 노래에는 술잔을 비우라("EX!")라는 명령이 따른다. 가요의 끝에는 우정의 증거가 교환되고 무형식의 대화가 따른다. "SMOLLIS, FIDUCIT, COLLOQUIUM"(SMOLLIS는 라틴어와 비슷하나 라틴어에는 없는, 당시 학생들의 은어다. 원래는 맥주잔을 높이 쳐들며 하는 말로서, 라틴어 "sis mihi mollis amicus"(내 친한 친구가 되어 주세요)를 축약한 것인데, 속어로 하면 "우리가 남이가!" 정도의 뜻이다. FIDUCIT는 라틴어 "fiducia sit"(좋다)라고 말하며 친구 제의를 받아들일 때 쓰이는데, 속어로 "됐다!" 정도의 뜻이다. 그러면서 서로 존칭 Sie 대신 평칭인 Du로 부르면서 말을 놓게 된다. COLLOQIUM은 말 그대로 "자유로운 대화"를 의미하는 것으로, 지금까지 의식 행위가 끝나고 개인적인 잡담시간이 되었다는 의미다: 옮긴이 주). 시, 노래, 의식행위, 실용적인 동기들을 — 대학수업, 사회계층, 출신지역, 정치적 견해를 — 통해 형성된 그룹들이 결속되어 더 고양된 상태에서 공동체로서의 느낌을 갖게 된다. 대학생 가요들은 우정을 칭송하고 그로 인해 친구관계들을 맺게 된다. 노래는 제도들을 페이소스와 자의식으로 인도한다.

합창할 때 소리의 크기만 봐도 이미 모든 참여자들에게 개인보다 공동체가 더 큰 힘을 발휘할 수 있다는 것을 확신할 수 있다. 축구경기장의 함성 합창은 소리의 우월함으로 자기편 팀의 승리를 확신하는 것이다. 더 많은 사람들이 같은 시간에 같은 것을 말하게 하는 합창에 힘이 더해진다. 그리스 윤무와 합창단에는 "코로스"란 이름이 붙었다. 합창은 어떤 사람의 등장을 잘 알고 그가 해야 할 일을 제공하는 인도자를 필요로 한다. 테살리아에서는 야전군 사령관을 "앞에서 춤추는 자proorchester"라고 부른다. 그 이유는 인도자가 전투에서 군대를 이끈 것처럼 노래경연에서 합창을 인도해야 했기 때문이다. 집단의 사회적 이념을 한목소리로 성취하기 위해서 구소련에서는 수천의 사람들이 예술회관이나 운동경기장에서 푸쉬킨이나 마야코브스키의 시를 낭송했다. 오늘날도 군중들의 집회에서 리듬으로 편성된 시구들을 부르짖지, 어떤 경우에도 산문을 부르짖지는 않는다. 반복되는 리듬은 합창단의 춤과 노래와 낭송에서 몸짓과 음성과 말의 통일성을 위한 것이다. 집단 앞에서 동시적으로 말하고 노래하는 데서 발생하는 바로 그 어려움 때문에 연출이 잘 준비되어야 한다. 리듬, 그리고 멜로디와 텍스트는 확정되고, 모두에게 알려지고, 익숙하게 연습되어 기억에 잘 보관되어 정해지고 강렬한 인상을 남기는 결과가 이루어져야 한다. 합창의 질서가 일상적 소통인 무형식의 잡담과 비슷하면 할수록 합창이 더 높은 목적을 추구하고 있다는 강한 추측을 불러일으킨다. 이렇게 하여 사람들이 심혈을 기울이는 오직 유일한 메시지 전달의 방법만이 신적 존재가 갖고 있는 저 다른 언어에 접근할 수 있다는 믿음을 굳건하게 한다.

서정시의 기원과 성격은 오로지 집단의 과제와 욕구에서 출발한 것이지 개개 시인들의 미감이나 언어능력에서 나온 것이 아니다. 서정시의 외적 특성, 즉 그 짧은 형식만 해도 그 이유를 합창의 연주에서 찾을 수 있다. 모든 참여자들의 일치된 목소리를 보장하기 위해 연주가 길어서는 안 되었다. 서정시의 형식적 특성들은 집단에 요구되는 기술적인 이유 때문에 생긴 것이다. 개인이 노래하거나 말하는 시도 이런 요구들을 필수적이지는 않으나 충족시키는 경우가 있는데, 그것은 근자에 고안된 것이다. 그런 시는 합창의 기능을 배제하고 그 특성들만 받아들인 경우다. 개개 가수의 연주는 추측건대 합창 때 텍스트를 시범적으로 말하거나 노래로 부른 합창 지휘자의 지도에서 나온 듯하다. 규칙과 결부된 서정시의 형식들, 이를테면 시행, 각운, 시연은 그것에 대해 근대시의 시인이나 독자가 그 기원을 의식하지 못한다 하더라도 원래의 집단적 표현이 현재까지 살아 있는 것이다. 근대에 개인적 시가 유행했지만 집단을 염두에 둔 연주방식의 기본 틀은 근대의 문턱에 이르기까지 불변한 채 남아 있었다. 누구나 운격을 따라 만들어진 시구를 큰소리로 말하거나 조용히 음송하면 그것이 비록 혼자서 행한 것일지라도 훈련 받고 강한 음성을 지닌, 상상 속의 합창단의 일부로서 말하는 것이다. 시의 운율과 노래의 악보는 말할 때나 노래할 때 생기는 개인적 일탈을 좁은 한계 안에 유지한다 — 현대 시인들은(브레히트는 뚜렷한 예외다) 그들의 시가 제창에 의해 연주되는 것을 기대할 수 없다. 결론적으로 현대 서정시는 시들에 대한 공동체적 표현이 오래전에 와해되고 난 후 리듬형식을 전적으로 포기한다고 말할 수 있다.

『개신교 성가곡집Evangelisches Gesangbuch』에는 요한 리스트Johann Rist가 작곡한 노래가 실려 있는데, 그 노래의 제3연은 다음과 같다.

> 일어서라 일어서, 너희 부르짖는 자들이여!
> 왕이 가까이 오셨도다
> 낙담한 자들이여 기뻐하라
> 저기 샛별이 온다
> 주께서는 고난 중에도
> 풍성한 위로를 너희에게 베풀고
> 도움을 줄 것이며
> 죽음을 물리치시리라.

여기에는 큰 약속들이 있지만 그 약속들이 실현될지 비판적인 사람에게는 이것이 의심스럽게 보일 것이다. 그리스도가 곧 왕으로 다시 올 것이며, 벌써부터 듣는 자를 위로하고 그를 도와주고 그에게서 죽음을 물리칠 것이다. 어떤 독자가 이 강한 주장들을 오직 시인인 리스트에게서 나온 것이라고 본다면 이 주장들은 교인들이 성가대에서 부를 때만큼도 믿음을 주지 못한다. 모든 이는 합창을 할 때 귀이자 동시에 입이고, 가수이자 청자이므로 낙담한 자가 교회를 통하여 지지와 인정을 받게 된다. 구원은 여럿이서 그것을 공표하면 더 확실해 보인다. 합창을 하는 모든 참여자는 다른 참여자들과 위로를 공유하고 그 참여자는 다른 참여자들에게 같은 말로 위로를 건넨다. 위로의 객체에서 주체로의 전환, 즉 너희들에서 나로의 전환은 자신의 목소리를 반복하고 더욱 확대하는 성가를 부르는 과정에서 성취된다. 확성된 소리는 인간들의 간구에 초인간적인 믿음을 더해 준다. 이와 같은 방식으로 행진곡은 행진하는 사람들에게 더 많은 것을 말해 그들의 행위가 단순한 행진 이상의 것임을 전달하고 있다.

숭배 공동체Thiasos, 교회 공동체, 사냥 동호회, 노동자 연대, 군대, 향연, 남성 중창단, 대학생 학우회, 보이스카우트, 카니발 협회 — 이 모든 집단들은 그들의 소속감을 기도, 구호, 노래를 공동으로 실행하면서 확인한다. 이들은 가족을 떠나 구성되고 자연적 친족관계에 있는 사람들이 아니다. 그보다 이들은 인위적이고, 지속적이거나 일시적인, 물질적인 또는 이념적인 목적을 위해 만들어진 집단임을 말해줌으로써 이 집단이 서정시의 예술성에서 그들의 사회적인(그러니까 자연적이 아닌) 결속력을 드러낸다. 모토처럼 노래와 잠언들은 이 집단을 연결하고 다른 사람은 이들로부터 배제한다. 집단의 구성원들은 바뀔 수 있을지 모르지만 그들의 노래는 항상 같고 개인을 넘어선 집단의 정체성을 보증한다. 이런 것은 경우에 따라 교회 성가의 경우처럼 수백 년을 넘어서는 경우도 있다. 어떤 사람이 지금 부르는 노래는 그에게만 속하는 것이 아니다. 그 앞에 누군가가 그 노래를 이미 불렀고, 그 이후의 다른 사람들이 다시 그 노래를 부를 것이다.

새로운 형태의 사교성은 근대 이후에 생겨났다. 새로운 집단들이 오직 노래를 함께 부르기 위해 생겨난 경우도 있다. 15세기 이후에 제일 먼저 이탈리아에서 함께 노래 부르기 위해 노래 애호가들과 거장들로 구성된 작은 모임이 생겨났다. 다성부로 된 '교제 노래Gesellschaftslied'(오늘날은 '아카펠라Tenorlied'라고 함)는 준비와 집중이라는 특별한 능력을 요구하여 예술적 능력이 예배나 실제적인 목적 없이도 사교모임의 중요한 자극제가 되게 하였다. 이런 모임들의 목표는 예술의 성취와 향유 자체였다. 이런 관습은 1800년경 특히 독일에서 비교적 큰 집단으로 중창단, 합창단, 성악협회의 이름으로 부활했다. 일반인들이 부른 서정시의 집단적 표현은 오늘날까지 전해지지만 말로 읊은 서정시는 전해지지 않는다. 말로 읊은 이 서정시는 대부분 개인적으로 혼자 묵독한 것에 불과하고 가끔씩 개인적 모임이나 공적 모임에서 낭송된 경우도 있었다. 노래와 시의 발표 형식들이 그 이후로 분명히 구별되었기 때문에 이 둘은 다른 두 가지의 예술 장르, 즉 노래는 음악에, 시는 문학에 귀속되었다.

이미 기원전 500년에 그리스에는 음주가skolia 모음집이 있었다. 여기에서 향연의 참가자들은 개개 노래를 선택하였다. 나중에는 일반화되었지만 개별적으로 시를 읽을 때조차도 집단적 시모음집에서 시를 찾아 왔다. 수백 년 전부터 소장가, 학교, 출판사, 도서관들은 시의 정전을 제공할 준비가 되어 있었다. 시선집들, 그중에서도 가정용 서정시선집들은 일정한 시들이 거의 모든 사람들에게 알려지도록 세심하게 주의를 기울였고 또 기울인다. 전 시대 사람들은 정전에서 알려진 개개 시행들과 시연들을 암기함으로써 진지하거나 유쾌한 모임에서 인용하곤 했다. 잘 알려지고 인기가 있었던 시들의 위상은 사람들의 교양 수준에 따라 달라졌다. 하지만 아무리 계층이 낮다 하여도 전혀 시 없이 살지는 않았다. 이것이 현대에 와서 달라졌다. 사람들은 노래 속의 시는 듣지만 시를 말로 읊조리지는 않는다.

9_ 수용

GEISTERSPRACHE - Zweck und Mittel der Lyrik

인칭대명사 '나'가 지배적인 대부분의 시들이 가지는 언어적 독특함은 서정시가 공동체를 형성하고 공고히 한다는 주장과는 배치된다. 서정시는 '나-진술'이고 그에 따라 주관성의 표현이라는 일반적인 견해를 문법이 증명해 주고 있지 않은가? 더구나 이 1인칭 단수 대명사는 명시적으로 '나'라는 말을 쓰지 않더라도 시의 중심에 서 있다. '나의mein', '나에게mir', '나를mich'로 변화한 것도 포함해서 말이다. 가끔씩 이 '나'는 '너'(우리말로는 '당신': 옮긴이 주)로 표현되기도 한다("기다려라! 곧/ 너도 쉬게 되리라"). 호칭, 부름, 감탄, 지시사(이것-저것), 그리고 시간 부사와 장소 부사(지금-전에, 여기-저기)에 나는 암시적으로 포함되어 있다.

서정적 자아 '나'가 시를 말한다 — 하지만 이 '나'는 누구인가? 일상적인 상황에서는 "나"라고 말하는 사람이 누구인지 항상 분명하다. 실제 인물에 대한 대명사의 관습적인 지시는 서정시의 텍스트에도 그대로 적용되는 것처럼 보이다가도, 시집의 처음에 이름이 쓰이거나 앤솔러지, 잡지 뒤에 쓰인 이름은 독자에게 어떤 서명처럼 보이고 시 속의 "나"가 어떤 잘 아는 사람에게서 공증을 받았다는 느낌을 준다. 기실 시인이 다른 사람들이나 의인화된 대상들을 "나"라고 말하는 수많은 경우들은 ― 신들, 여성들, 사냥꾼, 물방앗간 주인, 개, 꽃다발 ― 시인이 자기 자신의 이름으로 말한다는 가정과 모순된다. 과연 시에서 "나"가 역할로서 작동하지 않는 경우가 있기라도 한가? 뫼리케의 시 「자기고백」은 예언적 제목을 갖고 있으며 성장과정을 다루듯 아주 신빙성 있게 시작한다. "나는 우리 어머니의 유일한 아이,/ 다른 형제들이 다른 곳에 가고 없었으므로 […]" 실제로 뫼리케는 형제자매가 많았으며, 고로 최소한 그는 이 시에 나타난 그 "나"가 아니다.

잘 살펴보면 실제 삶의 내용일 수 있는 증거가 되는, 소위 말하는 '체험시들'이 역할시들로 바뀐다는 것을 알 수 있다. 괴테의 시 "오 소녀여, 소녀여,/ 내가 얼마나 너를 사랑하는지!"를 두고 사람들은 괴테의 실제 삶에 따라 이 시의 "나"는 괴테고, "너"라고 지칭한 실제 인물 프리데리케 브리온Friederike Brion을 사랑했다고 해석하곤 한다. 하지만 이 시행들의 상황과 사건은 무명의 시인에 의해 쓰이고, 오를란도 디 라소Orlando di Lasso에 의해 작곡되고, 괴테가 좋아했던 노래 "나는 예쁘고 착한 소녀를 안다네, 몸을 아끼소서!"와 별 차이가 없다. 괴테의 「오월의 노래」에서 이름 없는 소년이 이름 없는 소녀에게 소박한 목소리로 사랑의 노래를 전한다. 거의 모든 시들은 그 시 속의 "나"를 언젠가 한번 만났던 구체적인 사람으로 지칭하기를 단념한다. 서정시에서 나는 이름을 갖고 있지 않기에 구체적인 시간에서도, 찾을 수 있는 장소에서도 살지 않는다. 그것은 자신의 가족적 · 사회적 근본에 대해 침묵한다. 시의 길이, 형식, 그리고 내용은 제한되어 있어서 그저 도식적인 나를 유형적으로 반복되는 상황들에서 — 이를테면 아침과 저녁에, 봄과 가을에, 시냇가나 나무 밑에서 — 서술할 수 있을 뿐이다.

시는 쉽게 따라 할 수 있으며 발화자로부터 다른 발화자에게 전달할 수 있다. 시행의 리듬 형식은 기억에 시를 그대로 각인시켜 말하는 사람에게 그 사람이 그 시를 직접 만든 것처럼 보이게 할 수도 있다. 서정시의 일상적인 요소들은 함께 만들 수 있도록 교육하는 데 도움이 된다. 시의 언어와 형식은 개인적인 표현을 겨냥한 것이 아니라 누구나가 수용하여 자기 것으로 만들도록 되어 있다. 시를 읊조리는 사람은 누구나 그 시의 자아가 된다. 그런데 그 자아가 알려지지도 기술되지도 않은 바로 그 이유 때문에 그 자아의 자리에 현재 생생하게 살아 있는 독자이자 말하는 나를 넣을 수 있다 — 물론 그 자아는 그 구체적이고 일회적인 개성이 아니라 모든 사람이 접근할 수 있는 추상적이고 일반화된 자아를 말한다. 시에 있는 '너/당신du'의 기능도 독자가 항상 서정적 자아를 취한다는 것을 알 수 있다. 대화에서 "너/당신"은 그 단어를 듣는 누구나가 마치 편지에 쓴 "너/당신"이 수신자를 지칭하듯 자신으로 알아듣는다. 이 경우에 수신자는 "나는 너를 사랑한다"라는 문장에서 "너를"이 그 자신을 말한다는 것과, 그는 사랑받는 자로 이해한다. 그러나 시에서는 이 문장 "나는 너를 사랑한다"가 그가 사랑 받는 "너"의 역할을 하는 것이 아니라 사랑하는 자아 "나"의 역할을 한다. 시에서 독자가 "너"가 아니라 "나"에 동일시하려는 선택은 저자나 독자의 생물학적인 성과는 무관하다. 루이제 라베의 남성독자가 다음의 시행 "Tant tu me tiens de façons rigoureuses,/

Tant j'ai coulé de larmes langoureuses"(네가 나를 거칠게 다루는 만큼,/애태우는 나의 눈물이 흐르나니)를 읽는다 해도 "나je"의 입장이 되는 것이지 "너tu"의 입장이 되는 것은 아니다. 이 소네트의 탄원은 탄원의 소리를 따른다. 즉 독자는 그 소리를 이 소네트에서 빌린다. 부름과 그 부름에 종속된 간청, 축복, 감사의 화행은 말하는 "나"를 요구한다. 독자는 이 시를 소리 내어 읽거나 묵독하는 동안 이 과제를 부여받는다.

시에서의 자아는 그 시 저자의 사유물이 아니라 그 시 독자들과의 공유물이다. 생각해 볼 수 있는 익명으로, 집단적으로 그리고 다르게 사용될 수 있는 자아는, 시적 언어사용 바깥에서 자아-형식의 그런 틀이 지니는 유사성, 모범을 발견하자마자 그 기이함으로부터 무엇인가를 잃는다. 가톨릭의 영성체에서 종이에 써서 돌리는 기도 "나의 주, 나의 하느님이여, 내가 당신께 나아가지 못하게 하는 모든 것을 거두어 주소서"라는 문구는 '브루더 클라우스'라 불렸던 니콜라우스 폰 플뤼에Niklaus von Flüe라는 특정한 저자가 있다. 가톨릭교회에서 이 시행의 "나"는 그 시행을 읽고 고백하는, 영성체를 받는 사람이 사용한다. 이런 나-형식은 엄숙한 고백에서 분명해진다. 예를 들면 사도신경을 들 수 있다. "나는 전능하신 아버지 하나님 천지의 창조주를 믿습니다. [...]" 여기서도 미사전집에 있는 그 "나"는 신앙고백을 외우는 모든 신앙인이지 역사적으로 자리매김할 수 있는 그 말의 고안자가 아니다. 로마 가톨릭의 견진예식은 견진예식 때 여러 사람이 동시에 서약을 할 때조차도 단수 대명사를 사용하라고 규정하고 있다. 주교는 견진성사 받는 아이들에게 그들이 사탄의 역사와 유혹을 물리칠 수 있는지 묻는다. 그러면 "아이들은 모두 동시에: '나는 물리칩니다'"(Confirmandi omnes simul respondent: 'Abrenuntio')라고 대답한다. 신앙을 묻는 질문에 대해 그들은 한결같은 목소리로 합창하지만 단수로 "Credo"(나는 믿습니다)라고 대답한다. 신부 서품식이나 목사 안수식에서도 많은 사람들이 동시에 서약하지만 고백은 이와 비슷하게 1인칭 단수로 되어 있다. 이와 비슷한 세속적 양식으로는 누가 이 사람이 되든지 상관없이 대명사 "나"를 사용하는 선서문을 들 수 있다. 시가 의식 행위에 쓰이지 않는 한 그것이 엄격한 의무를 포기하기는 하지만 서정시 텍스트에서 "나"의 유희적인 사용에 있어서 제한과 전통이라는 엄격한 관계를 유지하고 있다.

엄숙함이 선서문이나 시를 말하는 데 동반된다. 그런 분위기는 선서문을 쓰거나 시를 쓸 때가 아니라 선서를 하거나 시를 읽는 행위에서 형성된다. 선서와 시는 말하는 데서야 비로소 그 목표에 도달한다. 나-형식의 전통은 어떤 고양됨과 결부되는데 그것은 그 '나'를 일상성에서 벗어나 특별하게 만든다. 이 순간 그 '나'는 개별적인 성격과 구체적인 상황에서 해방된다. 그 '나'는 자신의 진정한 존재와 그의 최고 소원을 위해 옳은 말을 찾았다고 믿는다. 그 '나'가 시를 말하는 자에게서 찾았다고 보는 역할들은 다양하고 모순적이며, 가끔씩 동의할 수 없기도 하다. 누가 로버트 브라우닝의 「나중에After」라는 시에서처럼 자기가 죽인 상대에게 말을 거는 결투자가 되고 싶어 하며, 릴케의 「바보의 노래Lied des Idioten」에서 바보가 되고자 하며, 뫼리케의 시에 등장하는 개로 변신하여 어쭙잖은 축하 인사를 주인에게 전하고 싶어 하겠는가? 하지만 오로지 그때그때의 특수한 개인적 삶에 제한되어 있는 나-역할들의 변화를 통해서만 고독한 개별자는 세계 속에 열려 있는 개성화의 가능성들과 만날 수 있다. 더구나 다른 사람들이 묘사한 자아가 말한 "나"라는 자신의 자아와 일치하는 가장 효과적인 방법으로 말이다.

말해진 것을 말하고 듣는 것, 그리고 새로운 발화자를 통해 들은 것을 전달하는 것은 다른 문학 장르에서보다 서정시에서 더욱 긴밀하게 작동한다. 연극에서는 관객이 말한 것을 듣지만 반복하지는 않는다. 소설은 경청하는 자가 있기라도 하다면 그 이야기를 들었다가 오랜 시간이 흐르고 난 뒤 다른 분위기로 전달한다. 그에 반해 노래와 시는 이미 유치원에서 부르고 쓰고 하였던 것이어서 아이들이 그 노래와 시를 즉석에서 따라 부르거나 문자 그대로 따라 부르고 시로 짓고 할 수 있었던 것이다. 드라마와 소설의 관객과 독자는 텍스트의 전체 어휘들을 일단 망각한 후에야 기억해 낼 수 있다. 이야기의 전개 과정, 등장인물의 성격, 그리고 일화들은 항상 근거를 제시한다. 하지만 시에 대한 기억은 적어도 단어 그대로를 기억에 간직하고 있어야 한다. 기억 가능성에 의존하는 서정시 텍스트는 이와는 정반대의 길을 간다. 많은 시는, 우리가 괴테의 말에 따라 시를 삶의 노래라 부를 수 있듯이, 자신의 삶에 지속적인 이정표가 될 수 있다. 나의 것에 다른 사람과 공유하는 낯선 것이 관여하게 된다. 선서문에서 보았듯이 여러 사람이 한 목소리로 "나"라는 말을 사용한다면 이 드러난 행위는 개별적 나에게 규범적인 '우리'라는 멍에를 덧씌운다. 서정적 자아의 그런 수용으로 인하여 개인들의 공동체는 안정된다. 이유는 서정적 자아를 통해 이 공동체가 서정시 속의 자아의 이해관계와 공동체 구성원으로 살아가는 개별자의 이해관계가 일치하는 것을 경험하기 때문이다. 이것은 고독한 독자에 대한 낭만주의적 독법에도 적용된다. 이 독자는 시에서 자기의 아주 개인적인, 자기 앞에 있었던 많은 이들이 찾았고 그 이후의 많은 이들도 찾을 수 있는 진리를 찾을 수 있다고 보기 때문이다.

일상에서는 거의 자신을 의식할 수 없는 경험적 자아가 시 형식

“나”에서 말하는 순간에 자의식이 있고 인정받은 자아라는 행복감을 경험한다. 전사前史도 없이, 전제 조건도 없이, 그리고 크게 애쓰지 않고도 시는 그저 텍스트를 발설하는 것만 가지고도 현실의 자아에게 상상의 자아를 수용할 수 있도록 해 준다. 서정시의 독백이 어떤 저항도 할 수 없는 낯선 역할의 반영에서 개인은 ‘나’라는 것이 무엇인지 느낀다고 믿는다. 시의 과장된 언어, 어떤 시의 주체적 집중은 어떤 순수한, 모든 우연을 벗어난, 그저 사랑에 빠진 사람이거나 바보거나 그저 한 마리 개일 뿐인 자아의 환영을 생산한다. 실제적 삶에서는 그 모두가 동시에 여러 사람이지만 결코 온전한 하나의 것이 아니다. “Du bist Orplid, mein Land!/ Das Ferne leuchtet”(그대는 나의 땅! 오르프리트!/ 멀리서 빛나고 있다). 이 시를 읽는 사람이라면 마법적인 상황에 도달할 수 있지만 자연스런 방법으로는 도달할 수 없다. 그는 엄숙한 음성으로 자신에게 알려지지 않은 여신에게 자신에게 알려지지 않은 나라라는 이름을 붙인다. 말하자면 시가 그 땅을 점유한 한, 시인은 바로 이 여신이다. 경험적 자아가 서정적 자아로 변화함으로 인해 발생하는 상상적 자의식은 실제적인 자아에게 현실의 침투에 저항해서 방어하도록 도와준다. 헤르더는 그의 에세이 「리라」에서 서정적 자아의 역할들이 실제적인 자아에 대해서 근본적인 우위를 점하고 있다는 통찰에 이르고 있다(이것은 서정시를 만든 사람뿐만 아니라 자기 것으로 수용한 사람에게도 적용된다). “왜 서정시인은 그렇게 자주 그리고 기꺼이 변장을 하는가? 그것은 혹시 그가 개인으로 말하는 것이 아니기 때문이 아닌가? 어떤 큰 힘에 이끌리어 그가 지금 아마도 그의 처지, 즉 그의 지상의 삶의 조건이 그에게 허락한 것보다 더 높은 존재에 대해, 더 넓은 시야로, 그리고 마음속 더 깊은 곳에서 우러나오는 것을 말하기 위해서가 아닐까.”

모든 산봉우리에는
휴식이 있고,
모든 나무 위에서는
바람의 숨결조차
느낄 수 없으니,
새들도 숲 속에서 고요하도다.
기다려 보라, 곧
너도 쉬게 되리라.

여기서 자아는 — 이 자아는 수신자, 즉 "너"의 상대방임을 알 수 있다 — 자신에게 말을 건다. 이것은 마치 신이 인간에게, 아버지가 아이에게, 현자가 순진한 보통 사람에게 말하는 것 같다. 이렇게 보면 한 인격이 그저 외형적으로 자신과 동일한 자아와 더불어 두 인격으로 나뉜다. 한 인격은 진리를 알고 자기 확신에 찬, 더 높은 자아이고, 다른 하나는 소박한 "너"로서 그렇게 진리를 잘 알지 못하고 자신과 세계에 대해 그리 분명히 알지 못하며, 그래서 경험적인 자아에 더 가까이 서 있는 자아다. 그러나 더 높은 자아는 세계와 경험의 의미 있는 질서에 대한 편만한 지식을 — 시에서는 "산봉우리"에서 "새들"에 이르기까지, 즉 멀리서부터 가까운 데까지, 위에서부터 아래에까지, 큰 것에서부터 작은 것에까지 — 갖추고 있어서 그 자아가 "너"에게 세계 질서 내에서 그의 위치를 알려줄 수 있게 된다. 이 독백 속에서 시를 말하는 자아는 시를 듣는 자아의 마음을 달래 주고 있다. 이 시를 읽는 모든 이는 화행을 통해서 알고 있는 자아의 위치에 들어가 그로 인해 그의 현실적 세계에서는 접근할 수 없었던 지혜를 얻는다.

서정적 자아가 시에서 일상적인 현실에서보다 더 강하다는 그 이유 때문에 자아 자체보다 더 강한 신들과 정신의 상태에서 만나고 싶어 한다. 그런 자기고양과 자기권세 속에서 자아는 주문의 힘으로 무장하고 신들의 세계에 영향을 미칠 수 있는 시적 언어를 통해 지지를 받는다. 서정적 자아와 경험적 주체의 관계는 썩어 없어질 육체와는 구분되는 불멸의 영혼이 있다는 종교적 가르침으로 설명할 수 있다. 자아의 두 존재가 대명사 '나'를 같이 쓴다. 하지만 이 두 자아는 본질적으로 구별된다. 불멸의 영혼만이 서정적 자아처럼 좋은 신이나 나쁜 신들의 영역으로 접근할 수 있다. 그래서 시를 자기 것인 양 읽을 때 실제적인 개인들은 편안한 마음으로 그들의 구체적이고, 개별적인 상상의 존재를 희생으로 바쳐 서정적 순간에 다른 자아로서 부활한다.

모든 시들에서 자아의 도식이 모두가 그것을 받아들일 수 있을 만큼 멋지게 표현되어 있지 않다. 고대 때부터 어떤 시인들은 자기 자신을 반복할 수 없고 비교할 수 없는 개인, 즉 대중과는 구별되는 사람으로 보고 서정적 자아와의 동일성을 이들에게 금지하고, 그 동일성을 잘 알려지거나 잘 알고 있는 시인에 대한 경외심으로 대체하고자 하였다. 연애시를 써서 자신의 지적인 친구들에게 보여 주었던 호라티우스는 "저속한 무리profanum vulgus"들을 이런 시를 향유하는 고귀한 자들로부터 배제하려고 하였다. 호라티우스 시의 일인칭 화자는 자신이 고귀한 자임을 말한다. 누구라도 이 시를 읽는 자는 그가 호라티우스의 소유물인 생각과 이미지들을 받아들였다는 것을 안다. 호라티우스를 모범으로 삼았던 사례가 독일 서정시와 독일 서정시에 대한 이해에 많은 영향을 미쳤으니 그것은 바로 클롭슈토크의 「취리히 호수Züricher See」라는 시다. 이 시는 실제로 보트 여행을 한 장소와 사람의 이름을 과거 시제로 제시한다.

우리 뒤로 위틀리 산은 멀어졌는데, 그 산자락

취리히의 조용한 계곡에 평화로운 사람들이 살고 있다 […]

'할러의 도리스', 스스로 노래가 될 만한 그녀는

히르첼의 다프네를 노래했다. 클라이스트가 글라임만큼 좋아하던 히르첼을,

우리 젊은이들은 노래했고

마치 하게도른이 된 듯한 기분이었다.

이 시를 읽고 말하는 자는 노래를 부르는 여행에 있지 않다는 것을 고백해야 한다. 그러니까 시에서 말하는 "우리"와 "나"에 속하지 않는다는 뜻이다. 클롭슈토크만이 이것을 체험했고, 단지 클롭슈토크만이 이 시를 지을 수 있었다. 그런 시는 독자에게 체험하고 시를 쓰는 데 있어서 모두 우월한 시인을 경외하는 것 이외의 다른 수용을 허용하지 않는다.

개인들의 이름을, 그중에서도 시인의 이름을 시 속에 쓰는 경우를 우리는 초기 그리스 서정시에서 심심찮게 찾아볼 수 있다. 사포의 송가가 사랑하는 제자가 떠난 것을 슬퍼했다면, 그 떠나간 소녀가 "사포여! 어쩔 수 없이 당신을 떠납니다"라고 노래하게 한다. 이 시행들은 큰 축제에서의 기도나 찬가와는 달리 우선 작은 집단의 사람들을 위해 쓴 것이다. 이 경우에는 레스보스에서 여자 선생님 주위에 모였던 양가집 여학생들을 위해 쓰였다. 사포의 동향이자 동시대인인 알카이오스는 향연에서 만난 고귀한 귀족 자제들을 위해 시를 지었다. 노래의 훌륭한 언어에서 그런 모임의 회원들은 그들의 개인적인 사생활을 숭고함으로 즐겨 전환한다. 더 큰 사회집단에서 배타적인 모임을 구별함으로써 서정시의 개성화가 시작되었다. 그로부터 개인적 시인 이

름이 유래하였다. 이런 노래들이 그 아름다움으로 칭송되어 작은 공동체에서 벗어나 많은 대중들에게 알려지면 가령 "사포"가 누구인가와 같은 호기심 어린 질문이 쏟아진다. 그러면 모든 시에 있는 모든 "나"에 시인의 이름을 표기하자는 분위기로 끌려간다. 그 때문에 현재에 이르기까지 시는 비밀에 싸인 미완의 자전으로 이해되거나 혹은 오해되는 경향이 있다.

현대 서정시에서는 1인칭과 2인칭 대명사가 잘 쓰이지 않는다. 이것이 독자로 하여금 공간적 · 시간적 그리고 감정적 방향성을, 그래서 시를 상상 속에서 수용하는 것을 어렵게 한다.

Die Steine feinden
Fenster grinst Verrat
Äste würgen
Berge Sträuche blättern raschlig
Gellen
Tod.

돌들이 서로 싸운다
창문은 배반을 비웃는다
나뭇가지들은 목을 조른다
산들 관목들 재빨리 이파리를 떨군다
비명을 지른다
죽음.

아우구스트 슈트람August Stramm의 위 시는 「정찰Patrouille」이라는 제목으로 인해 독자가 이 특별한 상황의 중심에 이름 없는 개인을 세울 수 있다. 말하자면 이 시는 한 군인이 정찰을 돌면서 불안에 사로잡힌 채 의심 가는 사물들을 관찰하는 내용이다. 여기저기 흩어진 징후들로부터 배제된 자아를 구성하는 것이 독자의, 그가 하는 것이 어려운 경우에는 직업적인 해석자의 과제가 된다. 나-도식에서 벗어나는 시들조차 그 도식을 수수께끼 같은 단어들 뒤에서 찾으려는 소원을 불러일으킨다. 현대 서정시의 실험들은 이 자아설정의 욕구 충족을 거부하는 순간에조차도 서정적 자아에 대한 욕구를 완전히 사라지게 할 수 없었다.

10_일치

서사 장르에는 서사시, 소설, 자서전처럼 길이가 방대한 것이 있는가 하면 담시, 유머, 일화와 같이 분량이 짧은 것도 있다. 하지만 서정시는 항상 짧다. 서정시 쓰기는 몇 분 안에 끝나고 그것을 읽는 데는 몇 초가 걸릴 수도 있다. 시가 춤과 노래를 동반하는 한 신체적 힘과 기억능력 때문에 길이에 자연적인 한계가 있다. 구어성의 시대에 탄생한 노래의 범례는 충분히 힘 있는 것이었지만 문어성의 시대에 탄생한, 그저 읽기를 위해 만들어진 텍스트들 또한 짧기는 매한가지였다. 짧음은, 그것이 실제적인 필연성이 아닌 한, 문학적인 유희규칙이 된다. 경구와 하이쿠는 극단적인 경우라고 할 수 있다.

시는 그 경계가 아주 협소하여 처음부터 끝이 미리 재단되어 있다. 시행, 시연, 노래의 길이는 서양의 경우 대부분 인도유럽어 문학의 초기부터 쓰였던 길이를 유지하고 있다. 그것은 4음보(또는 8음절) 한 행을 선호한다. 이 시행은 한 호흡에 말하거나 노래할 수 있는 분량이었다. 시연(4행에서 8행 정도) 다음에 오는 단절은 시를 말하는 자와 노래하는 자에게 쉬는 시간을 준다. 서정시 형식은 구획으로 나뉘어 약하게 구획되거나 전혀 구획되지 않는 일상어와는 구별된다. 서정시 음송의 어떤 단절이라도 그것은 장애가 된다. 이것은 개개 시행들이, 특히 처음 시행들과 마지막 행들이 전체 시에서 분리되어 나와 그 짧은 시행이 더욱 짧아져 하나의 경구처럼 떠다니는 것을 배제하지 않는다. "Üb' immer Treu und Redlichkeit"(순결과 충직을 네 무덤까지 지켜라)(횔티 작사(1775), 모차르트 작곡(1791)의 독일동요: 옮긴이 주), "Wie es auch sei das Leben, es ist gut"(그것이 어떤 것이든, 삶, 그것은 좋은 것이다)(괴테의 시 「신랑」의 일부분: 옮긴이 주), "Du mußt dein Leben ändern"(너는 너의 삶을 바꿔야 한다)(라이너 마리아 릴케의 시 「고대 아폴로의 토르소」에 나오는 시구: 옮긴이 주). 시는 소설과 드라마처럼 장면을 바꿀 필요가 없다. 시의 끝에는 대부분 시의 첫 부분과 같은 상황이 전개된다. 그리고 경우에 따라서는 같은 말들이 반복되기까지 한다. 서정시의 형식 법칙인 리듬, 음향, 이미지는 한 시 안에서 거의 변화하지 않는다. 그 이유는 서정적 동기를 안정화하기 위해서다. 그 동기는 시 안에서 확장될 수 있지만 시간에 따라 변화하지는 않는다.

시는 노래처럼 리듬을 타고 구성되기 때문에, 즉 빠져 있거나 셀 수 없는 음절은 법칙에 어긋난 것으로 보이기 때문에 시는 시행의 주어진 단어 연결이나 음향 연결이 박자를 따르고 정확하다는 인상을 창조한다. 시인의 필사본을 보면 저자가 자주 단어 음향을 위해 여러 가지 이형들을 생각해 봤다는 것을 알 수 있지만, 청자와 독자는 지금 듣고 있거나 보고 있는 텍스트 이외에 어떤 다른 단어도 여기에 맞지 않는다고 생각한다. 시 도식의 요구를 충족하고 이 도식을 통하여 보호받는 단어에 맞는 어떤 동의어도 없다. 어떤 단어의 의미와 그 음향 사이에 어떤 맥락이 정말로 없는 경우에도 시에서는 이런 결부가 설득력을 얻는다. 릴케의 시 「스코네의 저녁Abend in Skåne」에는 Ebene와 Abend가 나란히 서 있는데 이 두 단어는 사상적으로나 어원적으로 아무 관계도 없건만 비슷한 음향을 가지고 있어서 독자가 유사성을 짐작하곤 한다(이 시의 원문은 이렇다: 공원은 높다. 나는 집에서 나오듯/ 어둠에서 나온다/ 평지와 저녁에(Der Park ist hoch. Und wie aus einem Haus/ tret ich aus seiner Dämmerung heraus/ in Ebene und Abend): 옮긴이 주). 이것은 같은 시의 "die hellen Flüsse und die Flügelmühlen"(맑은 강물과 물레방아)이라는 시행에서도 마찬가지다. 만약 릴케가 Windmühlen이라는 말을 사용했다면 두운인 "Flü"가 만들어지지 않았을 것이다. 그리고 같은 소리가 이루는 두 단어 사이에서 사물의 비밀스런 일치도 이루어지지 않았을 것이다. 운율적 반복과 음성적 유사성은 적절한 위치에 유일하게 들어맞는 단어를 위치시킨다. 언어적 선택에 대한 논란은 청자에게서 있을 수 없고 시의 독자들에게서도 거의 일어나지 않는다. 시 텍스트가 시간이 흘러 바뀌었건만 사용자는 이 차이를 신경 쓰지 않는다. 그 이유는 새로운 버전을 옳은 것으로 여기기 때문이다.

서정시 형식에 사용되는 단어들은 이 시에 관여하는 모든 사람들의 약속과 실행 때문에 확고부동한 것임에 틀림없다. 이 시에 관여하는 사람들은 작품에서 리듬적 · 음악적 · 언어적 · 사유적인 층의 — 비록 비이성적이긴 하나 — 확실한 일치가 생기도록 애써야 한다. 그리스 소년 소녀들의 합창단 윤무는 — 오늘날 음악회와 비교할 정도로 — 복잡한 준비, 착실한 연구, 상세한 무대를 요구하고 있어 결국 노래의 전체 구성이 완벽한 일치에 이른다. 합창단의 등장 시점은 오래전에 정해지고 올바른 순간에 투입되는 것 또한 게을리하지 않는다. 참여자의 숫자, 무대구성의 시간적 순서, 춤 스텝과 동작의 절차, 노래의 시작, 악기의 투입, 휴식, 솔리스트와 합창단의 교대, 텍스트의 낭송 방법 — 다양한 작업들이 이루는 이런 복잡한 구조는 정확한 시간에 공연되어야 한다. 그래야 풍부하지만 혼연일체가 되고, 낯설지만 내적으로 결부된 형상이 만들어진다. 그런 서정적 요소들의 동시성은 형식적인 규칙들이 엄격하게 지켜질 때만 보장된다. 시는 통일적인 근원에 기초하고 있는 것이 아니라 시인의 정서에 기초하고 있다. 그런 통일성을 서정시의 "감상Empfindung", 즉 "표현Ausdruck"과 "주관성Subjektivität"에 대한 나중의 이론들이 하위의 것으로 치부했다. 시의 통일성은 기실 동일하지 않고 질적으로 다른 요소들이 예술적으로 서로 조합되어 나오는 것이다.

고대 이래로 거장들이 명망을 얻는 이유는 그들이 여러 사람들에게 나누어진 역할들을 혼자서 동시에 실행하기 때문이다. 이미 퀸틸리아누스는 키타라를 치는 사람에게서 한 사람-집단이 완성되는 것을 보고 놀라움을 금치 못한다. 이 연주가는 머릿속으로 텍스트를 상상하고 자신의 목소리에 신경을 쓰고 한 손에 키타라를 잡고 다른 손으로 그것을 뜯으며, 발로는 박자를 맞추며 음에 주의를 기울여야 한다. 오늘날까지도 기타를 치면서 노래하는 가수는 자신의 몸에서 말과 동작을 동시에 실행하고 있다. 매우 힘들지만 그럼에도 초심자들이 실행하는 말과 동작으로 이루어진 구성은 잠깐 동안의 시간을 넘어서지 않는다. 텍스트의 양이 조망할 수 있을 정도일 경우에만 서정적 재현의 다른 구성요소들과의 동시성이 성공하리라는 전망을 가질 수 있다. 동시적 행동이 이루어져야 비로소 참여자들이 전문성으로 인해 무뎌지지 않는 한 이들을 일종의 도취 상태로 몰고 갈 수 있다. 서로 다른 동작들이 일치하고, 청중들이 배우들과 일치하고 신들이 인간과 일치하게 된다. 최고의 존재로서의 신은 다양한 것을 연합하려는(불일치의 일치discordia concors) 인간들에 의해 주도된 기획에 직접 참여함으로써 완성할 수 있다. 바로 그 이유 때문에 시는 신을 부르는 것이다. "보라!sieh!", "저기da", "이제jetzt", "이미schon"와 같은 감탄사들은 바로 시간을 초월한 이 순간에, 존재의 현재 순간에 무엇인가 특별한 것이 일어난다는 것을 증거해 주고자 한다. 칼리마코스의 아폴로 찬가들은 — 더 이상 제전을 위해서가 아니라 그보다는 개인의 시적 재능을 드러내기 위해 쓰였다 — 바로 그러한 신이 임재하는 순간을 그리고 있다.

> 너는 보지 않느냐? 델로스 섬의 종려나무가 달콤하게 이파리를 늘어뜨린다,
> 아무도 모르게. 백조는 하늘에서 아름답게 노래한다.
> 너희 문들의 빗장이여 스스로 고리를 젖히고,
> 너희 자물쇠들이여 저절로 열릴지라! 이미 신이 가까이 왔노라.
> 그리고 너희 아이들이여 노래와 춤을 출 채비를 할지라.

모든 것은 동시에 일어난다. 자연이 신호를 주면 신전은 열리고, 신이 임재를 알리면 춤과 노래가 시작된다. 이런 과정들을 현재화하는 찬가들 자체가 바로 신으로 충만한 순간을 노래한다. 그리고 그 노래와 더불어 서정시의 동시성이 작동하기 시작한다. 서정시 작품의 모든 요소들의 일치를 얻고자 하는 자는 더 높은, 세상사를 움직이는 힘

들이 꿈꾸던, 이미 등장한 사건을 약속하고 축제적인 결과를 즐길 수 있다. 이렇게 시적 동일성이 자연의 순환에 개입한다. 누가 오월의 사랑에 대해 노래하면 그 오월은 좋은 날씨와, 새들의 노랫소리와, 꽃으로 사랑하는 여인에게서 사랑을 얻도록 할 의무를 가진다. 서리, 비, 폭풍은 마법적인 힘으로 무장한 말을 통해 더 큰 마법적인 힘으로 무장한 자연을 초대하여 자신의 의도를 실현하게 도와달라고 요청하는, 사랑에 빠진 남자에 대한 조롱일 것이다.

제작자들이 노래의 복잡한 전체 형상에 계획적이고 집중된 협력을 하는 것은 시 텍스트의 모든 단어가 필수불가결하고 확고하다는 인상 때문이다. 이런 인상은 수많은 협력자들 대신 이름만 알려진 저자가 익명의 독자 앞에 있는 텍스트의 원저자로 인정받을 경우에만 정지한다. 시가 전승된 장르의 규칙들을 따르는 한, 그 시는 칼리마코스의 찬가에서 보듯이 과거의 표현방법이 가지는 구조들을 현재에 전승한 것이다. 그 후 어떤 집단의 의무적인 동일성에서 시문학적 일치를 다루는 개인적인 유희가 일어난 것이다. 신들과 소녀들의 윤무에 더 이상 신경 쓸 필요가 없고 종이만 대하고 있는 현대 시인조차 자신의 시의 주제, 어휘, 운율, 음향 등을 서로 맞추지 않을 수 없었다. 현대 시인은 자신에게서 여러 인격들을 통합한다. 텍스트를 쓸 때 시인은 상상 속에서 축제 집행인, 합창단 지휘자, 무용가, 음악가, 가수, 그리고 낭송자의 기능들을 그리고 — 그가 노력해서 얻는 결과는 나직이 읊조리는 동안 — 심지어 관객의 기능들까지도 넘겨받는다. 그 때문에 서정시를 축제적으로 실행했던 시대에 불가피하였던 동일성에 대한 요구가 시가 책에만 쓰이는 시대에도 불가피하게 되었다.

서정적 요소들의 일치는 원래 개개 작품의 내재적 일치에 제한되어 있었던 것이 아니라 오히려 이 작품이 공간적 · 시간적 상황에 종속되어 있었던 것이다. 이런 맥락은 동기와 성격, 장소와 시간이 처음부터 규정되어 있었던 축제 노래와 축제 시에서 분명하다. 그러나 현대시, 즉 축제를 위한 것이 아닌 서정시조차도 일회적인 상황이나 이야기와 연결되어 있었다. 괴테는 『시와 진실』에서 어린 시절 밤에 스키를 탔던 것에 대해 이렇게 말한다. "한 번은 이 친구가 한 번은 저 친구가 낭독조의 반쯤 노래로 클롭슈토크의 송가를 불렀다. 그리고 우리가 황혼녘에 같이 모였을 때는 우리 기쁨의 창시자를 '우리에게 건강과 환희를 찾아내 준 사람이 불멸의 사람이 아니라 해도'라며 끝없이 칭송하는 소리가 들렸다. 어떤 지상의 행위를 정신적 자극을 통해 고상하게 하고 위엄 있게 만들 줄 아는 자는 감사를 받을 만하다!" 친구들은 얼음지치기를 하며 얼음지치기에 대한 클롭슈토크의 송가를 음송한다. 그들은 그 안에서 소박한 만족을 정당화하고 거기다가 축제적 행위로 승화하는 말들을 찾는다. 여기서 의식행위에서처럼 환경, 활동과 말들이 통일성을 이룬다. "지상의 행위"에 대한 정신적 노력으로서 이미 오래전부터 시의 음송이 일상인의 삶을 동반하고 있다. 이를테면 뜨는 달을 보며 소박한 사랑에 빠지거나 또는 엄청난 사랑을 이야기한다. 시를 읽는 것이 언제 어디서나 가능하고 일상적이 된 후에야 독자는 비로소 시에서 내적 일치, 그리고 시 텍스트 요소들의 미적 완결성을 인지할 수 있다.

델로스 섬의 소녀 합창단에서는 '호메로스의'(칼리마코스보다 몇 백 년 앞에 지어진) 찬가가 아폴로를 칭송하였는데, 듣는 이 모두가 "자기도 그 노래와 화창和唱하고 노래가 너무나 잘 어울린다는" 상상을 하게 된다. 생리학자들은 그런 마법을 확인시켜 준다. 노래와 운격으로 구조화된 말은 듣는 사람으로 하여금 가수와 낭송하는 자와 마찬가지로 근육을 긴장하게 한다. 그 때문에 리듬에 실린 표현들은 집단적인 소원에 같이 참가하도록 자극한다. 발 구름, 두드림, 박수 침은 모방을 향한 육체적 충동을 즉흥적, 또는 후렴을 노래할 때처럼 계획된 관객들의 반응을 말해 준다. 그런 감각적 자극은 시를 조용하게 읽는 가운데서도 정동에 휩싸이거나 내면에 침잠하도록 한다. 이런 자극들은 시와 노래를 연출할 때 능동적인 참여자들과 — 물론 완전하게 그렇지 않는 — 수동적인 참여자들 사이의 일치를 도출하고 그들 사이에 공동체의 감정을 만들어 낸다. 칼 뷔허Karl Bücher의 『노동과 리듬』이라는 연구에서 주장하는 것과는 달리, 비록 리듬이 집단적 노동의 조직에서 나온 것은 아니지만(리듬은 집단적 노동의 과정을 알지 못했던 종족들에게서도 발견된다) 그것이 개인들 사이의 육체적 · 심리적 일치를 이루도록 돕기 때문에 이 목적으로 사용되었을 것이다.

마르틴 오피츠는 "즐거움으로 향한 자극"이 서정시들의 목적이라 설명했다. 그 때문에 서정시들은 시인의 "자유롭고 즐거운 기분"을 요구하고 독자들에게도 이것을 요구한다. 이미 헤시오도스는 아폴론과 뮤즈들로부터 영감을 받은 가수들에게 슬픈 자를 위로할 이런 능력이 있음을 인정했다.

> 그러면 그는 빨리도 그의 슬픔을 잊고
> 더 이상 자신의 걱정을 생각하지 않도다
> 재빨리 신들의 은총이 그를 걱정에서 벗어나게 하도다.

시에 리듬, 음향, 단어의 의미가 조화를 이루고 있으므로 서로 다른 것이 여기서 공존하고 서로를 고양하며 시를 들을 때, 물론 시를 읽을 때는 조금 약하게, 행복한 순간의 힘을 체험하게 한다. 생각이 오로지 그 생각만을 위한 만들어져 있는 형식에서 표현된다면 기쁨의 감정이 생겨난다. 그러나 시에서 얻는 행복은 오래 지속되지 않는다. 비록 정서를 포함하고 수명이 짧지만 그럼에도 영원히 상실된 것은 아니다. 그 이유는 기억의 창고에서 언제나 그것을 다시 꺼내 올 수 있기 때문이다. 인생의 불행에 대해 "즐거움으로 향한 자극", 즉 리듬과 음향의 빈틈없는 만족감이 승리를 한다.

> Most friendship is feigning, most loving mere folly:
> Then, heigh ho! the holly!
> This life is most jolly.
>
> 대개의 우정은 거짓이며 대개의 사랑은 어리석을 뿐
> 그러니, 헤이 호! 호랑가시나무여!
> 삶은 대개 유쾌하다.

셰익스피어의 시는 holly호랑가시나무와 jolly유쾌한, 그리고 folly어리석은 라는 단어 사이에 운율을 맞추면서 우정이 사기고 사랑이 바보스럽다고 하더라도 "헤이 호 노래하라!" 그러면 삶이 유쾌하다고 말한다.

플라톤은 자기 시대에 노래를 부를 때 반주하는 음악이 당시까지 견지해 오던 전통적인 과제에서 벗어날까 고심했다. 그는 시가(말이) 없는 음악이 청중들에게 통제할 수 없는 격정을 불러일으킬까 봐 걱정했다. 플라톤 같은 보수적인 비평가들은 아시아로부터 유래된 이 새로운 풍조가 그리스의 전통을, 그와 동시에 사회 질서를 위협한다고 보았다. 왜냐하면 이런 합창 같은 조화로운 상호작용에서 공동체와 서로 간의 약속에 근거한 폴리스의 삶이 반영되기 때문이다. 제일 먼저 음악의, 그 다음 노래와 춤의, 동시에 반주에서 벗어난 시 텍스트의 새로운 독립이 관객에게 매혹적으로 다가왔다. 왜냐하면 이제 자율적으로 되어 버린 전체의 구성요소들의 각 분야가 직업적 전문가들에 의해 전문 영역으로 발돋움하였기 때문이다. 심지어는 축제에 참가하여 비로소 동시성을 마련하였던 청중이나 관객들 중에서도 분리 과정에서 각 분야의 전문가들이 생겨나게 되었다. 대가들의 능력에 대해 비교 판단할 수 있었던 교양인들과 학자들은 연구에서 개별 시 장르의 요구, 구별, 그리고 질을 토론했고, 결국 기원전 4세기에서 기원전 3세기 이후 오래전에 시행된 축제들의 텍스트들을 개인 장서고와 공공 도서관에 모아 두었다.

근대의 서정시는 텍스트와 음악의 관계를 복잡하게 하든가 — 캐논, 모테트, 아리아와 예술가곡Kunstlied에서처럼 — 아니면 그 연관관계를 완전히 포기하든가 두 가지 가능성 사이에서 하나를 결정해야 했다. 이 경우에는 서정적 작품이 더 이상 어떤 특정한 표현의 시점을 따르는 것이 아니다. 주문 없이, 자신만의 의지로 시인은 시를 쓰고, 이 시를 상당히 긴 시간이 흐른 후에 출판업자가 책으로 펴내고 그 이후에 아마도 몇 년이나 수백 년이 지난 후에 산재散在한 독자를 찾기도 한다. 시의 잠재적 실현에 대한 넓고도 예측할 수 없는 계승에 있어서 시의 텍스트 형상 이외에는 어느 것도 보존된 것이 없다. 서정시 텍스트가 원래 결부되어 있었던 다른 음악적 요소들이 보존될 수 없었기 때문에 자기의 명성을 생각한 시인들이 처음부터 춤과 노래와 음악과 축제와 연결해서 시를 쓰는 것을 포기했다.

고독하게 시를 읽는 자는 그 안에서 과거에 보였던 텍스트 외적인 요소들과의 일치에 대한 근거를 찾을 수 있다. 그리고 그 요소들의 리듬과 음향의 잔재들을 어렴풋이나마 아름다운 말의 내적 조화로 느낀다. 운율과 압운 없이 이루어진 현대 서정시에 와서야 시는 개인적 의지와 시인의 언어 스타일만을 일치시킨 하나의 형상을 가지게 된다. 그럼에도 옛날의 관습에 대한 기억은 완전히 상실되지 않았다. 그 관습은 낭송, 합창, 가곡의 밤, 팝 콘서트에서 항상 되풀이된다. 18세기와 19세기의 서정시에 대한 일러스트레이션을 보면 현대서정시에서 사라진 것을 짐작할 수 있다. 오이겐 노이로이터Eugen Neureuther는 1829년 괴테의 「오월의 노래」를 일러스트레이션으로 그렸다. 괴테로 보이는 한 청년이 이 시를 나무 밑에 있는 자신의 애인에게 노래하고 춤추어 보인다. 그 청년은 피리를 잡아매고 노래의 텍스트와 악보를 가지에 걸어 놓았다. 그림에는 시인, 시, 노래, 음악, 시를 듣는 이, 자연, 이 모든 것이 같은 장소에 동시에 제시되어 있다. 실제로는 모든 것이 이와 다르다. 괴테는 시를 자신의 책상에서 썼고, 애인은 그때 없었으며, 인쇄는 잡지가 맡았고, 나중의 작곡은 작곡가가 했으며, 독서는 알지 못하는 독자들이 행했을 것이다. 노이로이터의 지면은 현대에서 순차적인 실현으로 나눈 것을 순차적이지 않게 동시적인 묘사로 돌려놓았다. 많은 독자는 자신이 「오월의 노래」를 읽으며 노이로이터가 만들어 낸 것과 비슷한 상상 속의 장면을 보완한다. 서정시 작품들에 대한 실제 삶에 따른 해석은 오늘날까지 내적인 "체험"에서 나온 텍스트가 그 생성의 순간에 삶과 동일하다는 상상을 부채질한다. "체험"은 동시성에 대한 낭만적 보완이다.

11_ 마법

서부독일방송WDR의 설문조사 결과 헤세의 「계단」이 가장 사랑받는 독일 시로 선정되었다. 그 시 「계단」의 한 행 "무릇 모든 시작에는 마법이 깃들어 있다."는 자주 인용되는 시구다. 헤세는 여기서 "마법"이라는 말을 오늘날의 일상어처럼 어렴풋이 사용하면서, 동시에 자신이 매우 소중히 여겼던 낭만주의 서정시의 모토로 삼고 있다. 노발리스의 "기억의 마법", 티크의 "마법의 밤", 레나우의 "마법의 어둠", 뫼리케의 "마법의 실"은 낡은, 하지만 거의 기억에서 사라져 버린 시와 주술의 친족관계를 상기시킨다. 물론 낭만주의 시는 그것이 비록 마법에 대해 말하고 있더라도 사물을 지배하는 마법이 아니라 서정적 정취 속으로 빠지길 원하는 독자를 지배하는 마법이다. 아이헨도르프의 시 「마술지팡이」는 비록 그것이 주문처럼 짧고 시문학의 근원을 짐작

하게 해 주지만 그것이 숨겨진 수맥을 찾는 것은 아니다(마술지팡이의 실제 목적은 수맥을 찾는 것이다):

> 모든 사물에 노래가 잠들어 있으면
> 사물들은 거기서 꿈을 꾸고 또 꿈을 꾼다,
> 그러면 세상은 노래하기 시작하고,
> 너는 이제 마법의 말을 만나게 될 것이다.

마법적인 말의 효능을 믿었던 그 시기로부터 유래된 주술들은 "마법"에 대해 하나하나 설명하지 않는다. 그와 반대로 낭만주의 시에서는 마법이 특별한 행위를 지칭하는 것이 아니라 일반적인 주제로서 시문학은 언젠가 오래전에 마법에 걸리게 했던 능력을, 그리고 지금은 그것의 상실에 대한 슬픔을 기억하게 한다. 동화가 성공한 마술행위에 대한 이야기를 하기 때문에 낭만적 환상은 현대의 계몽된 사회에서는 믿어지지 않는 마법을 "이상한 동화세계"에 머물게 한다. 티크처럼 하이네는 "마법의 나라"를 동화의 나라에 자리매김한다.

> 옛날 동화에는 하얀 손으로
> 오라는 손짓들이 있네,
> 그러면 마법의 세계가
> 노래하고 종소리가 울리리라.

마법어魔法語에서 어語, 즉 말은 유지되어 왔으나 마법은 유지되지 못했다. "마법어"를 만날 수 있어야 세계는 노래에서 "울리게" 된다. 그 외에는 그 세계에서 아무것도 변할 것이 없다.

현대 시인들 중 어느 누구도 진지하게 자신이 마법을 부린다고 생각하는 사람은 없을 것이다(비록 19세기 말에 많은 시인들이 그의 전직에 근거하여, 잘못된 가르침으로 초자연적인 말과 행동에 대한 경향을 보이긴 했지만). 비록 그들이 시문학의 마법에 대해 말했지만 그것은 문학 내적 현상인, 독자와 청자에 대한 시구의 마법적 효과를 말한 것이다. 동시에 마법은 문학 외적인 논쟁, 즉 노동, 상업, 돈, 권위, 수와 셈, 뻣뻣한 대상과 고착된 주체들, 말하자면 서정적이지도 않고 시인의 말을 따르지도 않는, 탈마법화된 세계에 대한 비판을 불러일으켰다. 우리는 "비밀스런 세계"의 마법을 부르는 낭만주의 시에서 아직도 마법적 효능이 갖는 의도를 인식할 수 있다. 독자의 환상은 오로지 말을 통해 그 환상이 "번잡한 속세"에서 그들이 읽는 시 속의 꿈꾸는 존재로 넘어가도록 하고 있다.

1800년경에 교양인들이 부담 없이 "시문학의 마법"에 대해 말할 수 있었던 것은 원래의 의미에 있어서의 마법을 거는 것이 사회의 외곽에서 실천으로 옮겨졌기 때문이다. 기독교는 기독교 이전의 종교들이 알고 있었던 기도와 축복을 받아들였으나 저주와 마법어(주문)는 거부하였다. 신학적 회의, 철학적 요청, 자연과학적 인식들은 마법이 기댈 만한 이론적 근거를 제거해 버렸다. 하지만 서정시가 마법에서 나온 것이라는 지식은 비록 이런 불편한 진실을 우려하는 목소리가 있었지만 심지어 계몽주의 시대까지도 유지되었다. 낭만주의에서의 부활이 있기 100년 전에 경구작가였던 크리스티안 베르니케Christian Wernicke는 이런 마법전통을 이렇게 회의적으로 말했다. "정말로 사람들은 시문학이 마법과 같은 토대를 갖고 있었다고 믿는가?" 이미 지나간 시대의 마법에 대해 아래의 담시(괴테의 시 「보물 찾는 사람Der Schatzengräber」: 옮긴이 주)는 이렇게 말하고 있다.

그러고는 원에 원을 그리고
기이한 불꽃과
잡초와 뼈를 한데 모았으니
주문 읽기는 다 끝낸 것.

계몽의 시대에 맥없이 무너진 마법을 언급하는 낭만주의 시대의 시인들은 외롭게 무너져 버린 주술의 문학적 양상들을 유지하였다. 화행의 명령형에 섞인 어조와 시구의 비밀스런 음향은 아직 세계의 운행에 영향을 미치려는 주술적 능력(또는 무능력)을 상기시키고 있다.

시문학과 마법의 "같은 토대"는 몇몇 서정시적 개념의 어휘에서 확인할 수 있다. 호라티우스의 시에서만 언급된 것이 아닌 "카르미나Carmina(연애시)"는 라틴어로 된 송가에서 동시에 예배송, 예언, 주문으로 불리기도 한다. '카르멘'은 '칸티오'(여기서 이탈리아의 칸초네가 유래되었다)처럼 동사인 'canere'와 'cantare'에서 나왔는데, 이 말은 '시를 짓다', '노래하다', '주술을 말하다'는 말과 구별되지 않는다. 독일어 "리트Lied"의 전 단계인 게르만어 "리오트lioth"도 원래는 마법의 노래였다. 현존하는 오리엔트 고급문화의 가장 오래된 표현들은 민족지적 연구에 따르자면, 서정시의 언어형식이 마법의 수단이었다는 것을 보여 준다. 고대 인도 리그베다의 수많은 시들은 마법으로 정리할 수 있다. 옛날에 인드라 신의 암캐가 악령이 훔쳐 가 숨겼던 소들을 찾아내었다던 이야기에 소가 도망갈 때마다 사용하였던 마법어가 따른다. "파니여(악령의 이름이다) 여기서 멀리 아주 멀리 떠나가라! 암소들이 돌아올지라. 예전에 소들이 숨겨졌을 때 진리의 말로 기도의 주인이 찾았는데, 지금은 압착즙('소마'라고 불리는데, 시베리아의 무당들이 독버섯 같은 것으로 만들어 사용하였다고 한다: 옮긴이 주)과 그것을 짜는 압착돌, 그리고 시인들, 감동한 이들이 있다!" 유일하게 신의 음료로 영감을 받은 시인이 아는 마법어의 "진리"는 암소들을 찾는 데 큰 성과를 보장한다. 이와 별반 다르지 않게 메르제부르크의 주문의 신화적 이야기도 약효가 있는 발을 써서("insprinc haptbandun(오라를 풀고 나오라) […]", "ben zi bena(뼈에는 뼈) […]") 포로가 석방되거나 다친 말이 치료되도록 주술을 말한다.

몇몇 문화에서 주술은 특별한 귀신들의 언어를 사용한다. 가령 말라야어의 바사한투(축자적 의미로 귀신들의 언어), 에스키모의 안게코크, 다른 문화에서는 낯선 또는 오래된 언어를 사용한다. 오늘날도 장난스런 말로 들리는 "호쿠스 포쿠스 피디부스Hokus pokus fidibus"는 라틴어 미사에서 사용하는 말을 변화시키는 마법어로 사용하고 있다. "Hoc est corpus meum"(이것이 내 몸이니라)라고 성직자들이 말하는 것을 잘 알아듣지 못하는 신도들fideles이 그렇게 짐작한 것이다. "아브라카다브라Abrakadabra"나 "리룸, 라룸, 뢰펠슈틸Lirum, Larum, Löffelstiel"은 — 이 두 가지 말에서는 음성반복이 주도적이라는 것을 알 수 있다 — 마법의 힘을 장난이나 난센스와 결부시킨다. 그런데 진지하게 말하는 마법어도 의미 없는 단어들이나 모순적인 생각들로 만들어져 있어 일상적 대화와 같지 않다. 그것은 마법어가 신들의 세계에 접근할 통로를 만들기 때문이다. 단지 익숙하지 않은 것, 자연스럽지 않은 것, 모순적인 것만이 보통 세상이 돌아가는 것과 다른 것을 얻으려는 마술을 걸 때 도움이 된다. 이미 그리스-이집트 마술 파피루스에서는 일상적인 일들을 신적인 현상으로 변화시키려는 신비한 주문들이 있다. "너는 포도주다, 너는 포도주가 아니라 아테네의 머리다. 너는 포도주다. 너는 포도주가 아니라 오시리스의 창자다." 가톨릭 미사의 중심에는 화체化體란 말이 있고 여기서도 비슷한 마법어를 볼 수 있다. 그것은 바로 빵과 포도주가 살과 피로 변한다고 믿는 것이다. 이것이 나의 몸이니라(Hoc est corpus meum) — 서정시의 언어는 이처럼 찬란하고 동시에 애매한 과거를 지니고 있다.

고고 독일어 마법어는 그것이 기록된 것인 한 자주 "dic!"이라는 요구를 동반한다. 그 말을 크게 외쳐야 효능이 있다(영들은 모든 것을 들을 수는 있지만 읽을 수는 없다). 마법이 효험을 발휘하도록 동반하는 몸짓들이 단어의 의미와 억양에 맞춰져야 한다. 말과 제스처가 함께 영향을 미치도록 9세기경에 유래한 한 마법어는 가축들이 벌레로부터 벗어나도록 다음과 같이 주문을 걸었다.

> Gang uz, Nesso, mit niun nessinchilinon,
> uz fonna marge in deo adra, vonna den adrun in day fleisk,
> fonna demu fleiske in daz fel, fonna demu velle in diy tulli.
> (나가라, 벌레 네소야, 아홉 마리 새끼와 함께,
> 나가라 골수에서 핏줄로, 핏줄에서 살로,
> 살에서 가죽으로, 가죽에서 이 화살촉으로!)

마술을 거는 사람은 분명 주문을 말하는 동안 화살을 가축의 가죽으로 향하고 벌레들을 — 정확히 말하자면 벌레 신들을 — 잡아 멀리 떨어진 곳으로 화살을 쏘아 보내고자 한다. 가장 좋은 곳은 숲 속으로서, 말할 것도 없이 이곳에선 신들이 아주 나쁜 잡귀들을 쫓아낸다. 마법어는 두 가지 방향으로 진행된다. 선한 것을 불러오거나 아니면 위에서 본 네소의 경우처럼 악한 것을 퇴치한다. 시들 또한 부정의 힘을 이용하는데, 저주하고 몰아내고 추방하고 욕할 수 있다. 비록 서정시의 주된 일이 송덕과 축제라 해도 "않다/아니다nicht"란 말을 시의 어휘에서 배제하지 않았다. 아르키로코스와 호라티우스 이후, 소위 말하는 'carmen maledicum'이라는 고전적 풍자시의 전통에 있어서 예수이트였던 야콥 발데Jacob Balde는 이런 마법어를 구상했다.

네가 어디서 왔는지, 가라앉으라, 침몰하라, 오 인류의
페스트로다! 지옥으로 꺼져라,
너 허파 갉아먹는 것아, 허파 뚫는 것아,
에레부스의 거품이자 머리의 형리야

사소한 감기에도 아주 강하고, 그럼에도 호라티우스의 송가 운율에 맞춰진 저주로 주문을 말하고 있다. 발데가 17세기에 그런 시구를 썼다면 그 스스로 그 시]구의 치유적 효능이 아니라 기분전환의 효능을 믿었을 것이다. 서정시의 언어는 서정시적 사유의 몰락 이후에도 지속되고 있다.

서정시의 특성이라 할 수 있는 엄격한 형식은 실제적인 목적 때문에 만들어졌다. 사람들이 시에서 언어마법으로 기리는 것은 마법적 사고의 법칙에 환원된다. 마르셀 모스Marcel Mauss는 그 언어마법을 이렇게 표현했다. "이것이야말로 병발併發의 법칙이자 유사성의 법칙이며 대조의 법칙이다. 서로 스치는 사물들은 하나의 통일성이거나 통일성을 이룬다. 유사한 것은 유사한 것을 가져온다. 반립들도 서로 영향을 미친다." 서정시 구성은 이 법칙들을 따른다. 말할 것도 없이 서정시는 이 법칙들을 수백 년의 세월이 흐르는 동안 문학적 관습으로 변화시켰다. 에두아르트 뫼리케의 시 「아이올리스의 하프에게」가 바람으로부터 "비밀에 가득 찬 현의 연주"를 요구하는 것은 바로

마법어를 말하는 것이다. “노래하라/ 다시 노래하라/ 너의 달콤한 슬픔을!”(Fang'an,/ Fange wieder an/ Deine melodische Klage!). 이 주문 같은 부름으로 “바람은 저 멀리로부터” 자연 악기를 불러와 소리내게 한다. 신에 사로잡혀, 그리고 그로 인해 말하는 화자는 마법사의 역할로 시를 쓰고, 기분 좋게 그 마법사의 말을 잘 듣는 바람, 그리고 마치 인간의 목소리인 양 아름다운 그리움의 소리를 내는 바람의 하프, 이 3자는 서로 잘 소통된다. 좋은 소리는 자아와 바람과 바람 하프로 이루어진(나중에는 장미의 향기까지 가세한다) 신적인 합창을 만들어 내어, 소원한 것이 이루어지게 된다. 바람은 “선율에 실은 비탄”을 노래하는데 이것은 위로를 필요로 하는 사람의 기분과 일치한다. 더 이상 마법이 아닌 시의 마법은 외부 세계의 상황이 내면세계에 밀착해 있는 것처럼 보이는 데서 찾을 수 있다.

그런 일치에 대한 믿음 위에 모든 시가 존재한다. 시인이 상상하듯이 사물들은 인간처럼 느낄 때 인간적인 일들과 쉽게 친숙해진다. 괴테의 시 「물 위의 정령Geister über den Wassern」은 “바람은 파도의 사랑스런 애인”이라고 노래한다. 은유법은 인간적인 것과 비인간적인 것을 같은 것으로 보기 때문에 수사학에는 무의미하지만 시문학에서는 자주 사용되는 마법이다. 셸리의 「서풍의 노래」는 가을바람에 뒹구는 낙엽들을 “ghosts from an enchanter fleeing”(마법사에게서 도망가는 유령들)에 비교하고 있다. 시인은 서풍의 부름에 마법어인 “이 시구의 환생”을 말한다. 시에서 힘을 얻어 자연에 심리를 투사하여 자신의 고통으로부터 벗어나려는 자는 마법을 성취하는 것이다. 서정시가 말하는 사랑의 비탄은 초기 근대 이후에 답답한 영혼에서 불행을 거두어 줄 수 있는 자로 나무와 숲을 선호한다.

Udite, selve, mie dolce parole,

poi che la bella ninfa mia udir non vole

너희 숲은 나의 달콤한 말을 들어 줄 것이라.

나의 아름다운 요정들이 내 말을 듣지 않으려 하니!

이렇게 앙겔로 폴리치아노Angelo Poliziano의 칸초네에서 한 목동은 고통을 자연물에 전이하려는 마법이 그의 고통을 경감해 주리라 기대한다. 하이네 또한 이런 방법을 사용한다.

어두운 그리움이 치솟아 오르네

숲의 끝자락에까지

거기서 눈물 속에 녹아나네

나의 저 큰 고통이.

자연(서정)시는 마법 없이는 이루어지지 않는다. 뫼리케의 「9월 아침」은 얼핏 보기만 해도 9월 아침의 날씨를 서술해 놓은 것으로, 그 날씨로 인해 환기된 감정 상태를 이해할 수 있다.

Im Nebel ruhet noch die Welt,

Noch träumen Wald und Wiesen:

Bald siehst du, wenn der Schleier fällt,

Den blauen Himmel unverstellt,

Herbstkräftig die gedämpfte Welt

In warmem Golde fließen.

안개 속에서 아직 세상은 안식을 취하고
숲과 초원은 아직 꿈을 꾸노니
베일이 걷히면 곧 너는 보게 되리라,
파란 하늘이 없어지지 않았다는 것을,
가을처럼 익어 간 세상이
따뜻한 황금빛 속에 흐르는 것을.

우리는 경험상 가을의 안개가 늘 그렇듯 빨리 걷히지 않음을 알 수 있다. 그런데도 이 시에서는 이미 아침에 즐겁게도 "안개"가 "파란 하늘"로 변한다고 말한다. 두 번이나 사용된 "아직noch"에서 보듯이 시행들은 안개 속에서 이루어진 것이다. 그러나 그 시행들은 안개가 "곧bald" 사라지리라고 약속한다. 화자는 급변을 예고하고 결과도 미리 알 수 있다. Welt세상와 fällt걷히다, unverstellt없어지지 않았다가 서로 각운을 이룰 수 있게 잘 구성된 언어는 그런 미래에 올 세계를 마법으로 불러낸다. 시인은 마법사처럼 특별한 운율을 통한 형식으로 자연에게 말을 건넬 수 있다. 자연에 영향을 미치려는 시도는 그 자연이 느낌으로 가득 찬 존재이기 때문에 기대를 저버리지 않는다. 숲과 초원은 "꿈꾸고", 안개는 "베일"을 친다. 이런 주문을 암기하여 안개 낀 9월 아침에 그 주문을 말하는 자는 시문학적 언어의 마법적인 효능으로 자기의 소원에 따라 날씨를 바꿀 수 있다. 주체와 자연 사이를 마법어가 매개한다. 그 마법어는 주위 세계를 밝게 하고 그로 인해 자신의 기분도 밝게 한다. 이 시에 대한 많은 해석자들이 취하는, 자아와 세계 사이의 통일성이 만드는 편안함은 불안한 세계상을 전제로 한다. 왜냐하면 자연이 오로지 시적 언어에 반응한 귀신들로 가득 차 있을 경우에만 마법어가 인간적 주체와 물리적 대상들 간에 그런 식의 조응을 불러올 수 있기 때문이다.

프로이트는 마법적 사고가 원시적 나르시시즘에서 나온 것으로 보고 있다. 원시적 나르시시즘은 꿈과 실제적 인지 사이를 구별하는 법을 배우지 못하고 그 때문에 "사고의 전지전능함Allmacht der Gedanken"을 확신한다. 마법이란 생각이 세계에 대한 지배권을 행사할 수 있다고 믿는 어법을 말한다. 탈마법화된 근대에서조차 시적인 환상은 현존하는 세계가 마치 처음에 시문학적 마법으로 발생했고, 그 결과 같은 수단을 변화시킬 수 있다는 정당성에 근거하고 있다. 그러면

> 아주 천천히 검은 나무를 들어 보라
> 그리고 하늘로 향하게 하라. 후리후리하고 고독하다.
> 그러면 너는 세상을 만든 것이다. 그리고 그 세상은
> 마치 침묵 속에서 아직 무르익는 말처럼 위대하다.

이 시는 릴케의 형상시집 권두시인데 사물의 우선권이 하나씩 들춰진다. 말은 그 말에 앞서는 세계에 맞지 않는다. 그보다 말을 통한 마법적 행위에서 말은 그 세계를 창조한다. 나바조 인디언들이 부르는 노래는 최초의 남자와 최초의 여자가 노래를 통하여 그들의 첫 오두막을 만들었다는 것을 보여 준다. 후세들은 이 첫 노래를 반복하며 그들이 방금 만든 집에 마법을 불어넣는다. 그러나 릴케의 시행들은 이제 더 이상 마법으로서의 집단적 모방이 아니라 문학으로서의 집단적 명성을 기대할 수 있을 뿐이다.

12_ 사랑의 마법

GEISTERSPRACHE - Zweck und Mittel der Lyrik

Mit einem gemalten Band

Kleine Blumen, kleine Blätter
Streuen mir mit leichter Hand
Gute junge Frühlings-Götter
Tändelnd auf ein luftig Band.

Zephyr, nimm's auf deine Flügel,
Schling's um meiner Liebsten Kleid;
Und so tritt sie vor den Spiegel
All in ihrer Munterkeit,

Sieht mit Rosen sich umgeben,
Selbst wie eine Rose jung.
Einen Blick, geliebtes Leben,
Und ich bin belohnt genug.

Fühle, was dies Herz empfindet,
Reiche frei mir deine Hand,
Und das Band, das uns verbindet,
Sei kein schwaches Rosen-Band!

꽃 그림 띠와 함께

작은 꽃들, 작은 이파리들을
젊은 봄의 신들이
가벼운 손놀림으로 장난처럼
하늘하늘한 띠 위에 뿌리네,

제피로스여, 이 띠를 너의 날개 위에 싣고
내 연인의 옷을 잡아매 다오
그러면 그녀가 기분이 좋아
거울 앞에 서겠지

장미꽃에 둘러싸인 그녀는
여린 장미처럼 보이겠지

한번 보는 것, 사랑받는 사람
그것이면 내 충분하리.

내 마음에 감지되는 것, 그것을 느껴 주오,
내게 당신의 손을 내밀어 주오.
우리를 묶어 줄 띠
그것이 그 약한 장미-띠가 아니었으면!

『시와 진실』 제11권에서 괴테는 이 시가 어떻게 쓰였는지 그 상황을 이렇게 설명하고 있다. 괴테는 슈트라스부르크에 머물고 있던 1770년 4월에서 1771년 8월 사이에 프리데리케 브리온과 사랑에 빠져 있었다. 학생이었던 괴테는 당시 목사의 딸이었던 그녀가 사는 제젠하임에 갔다가 슈트라스부르크로 돌아오곤 했다. "나는 그녀와 떨어져 있는 동안 선물이나 새로운 생각을 갖고 그녀에게 새로운 모습으로 보이고자 하였다. 마침 그림을 그린 띠들이 유행했다. 예정보다 오래 떨어져 있어야 했을 즈음, 몇 장의 그림을 그린 띠에다 짤막한 시를 곁들여 미리 그녀에게 보냈다." 프리데리케 브리온의 필사본으로 이 시의 초고가 보존되었는데 이 초고는 시연이 더 많지만 제목이 없다. 이 시가 언급하고 있는 "그림이 있는"(즉 그림을 그린) 리본은 이 시의 수신자인 그녀에게 직접 전해졌다. 괴테가 1789년 그의 시들을 자기 전집 8권에 수록했을 때 "작은 꽃들, 작은 이파리들"이라는 이 시가 현재와 같은 제목을 얻게 되었다(위 인용문은 괴테의 이 판본을 따른다).

반세기가 지난 뒤 기록한 괴테의 기억은 시가 탄생하게 된 실제적인 상황을 말하고 있지 그 시의 성격을 말하고 있지는 않다. 이 텍스트의 해석자들은 주로 이 시가 괴테가 라이프치히에서 슈트라스부르크로 가지고 간 로코코 서정시에 속한다는 문학사에 관심을 둔다. 그리고 진실한 감정을 표현함으로써 유희적인 어조를 극복한 데 관심을 두고 있다. 오직 『독일 미신 사전』만이 "띠"에 대한 항목에서 이 단어가 무엇보다 사랑의 마법에 사용되고 있다고 말하면서 괴테의 시 「꽃그림 띠와 함께」를 언급하고 있다. 실제로 이 단어는 실제의 주술이 문학적으로 기록된 것이다.

띠들은 특히나 주술행위에 사용되었다. 이것들은 멀리 떨어져 있어 갈망하는 존재를 그 존재의 의지와는 상관없이, 경우에 따라서는 그 의지에 반해 그 존재를 갈망하는 사람과 얽어매는 것이다. 신들과의 관계를 만들기 위해 — 베르길리우스의 『아이네이스』에서도 나오는 얘기지만 — 신상들에 띠를 두르고, 그 신들에게 바친 번제물들도 띠로 장식하였다. 성스런 나무에는 띠들이 둘러졌는데 이는 나무에 숨겨진 신적인 힘이 곤핍한 인간들에게 전해지라는 뜻이었다. 모든 문화에서 결혼은 신성한 행위이므로 띠가 빠지는 경우가 없다. 결혼주례자의 지팡이는 띠로 장식되었고 신부의 옷, 머리장식, 화환 또한 마찬가지로 띠로 장식되었다. 오늘날까지도 가톨릭의 성직자는 결혼식 때 자신의 영대領帶로 신랑 신부의 손을 감는다. 사회적으로 인정된 사랑 연합의 목표인 결혼의 준비과정에서도 이미 띠와 실은 특별한 역할을 하고 있다. 서로 연애를 하여 이제 하나가 되었지만 아직 같이 살지 않는 쌍을 미래에 하나로 맨다. "연인"에게 선물한 띠는 이 둘이 멀리 있다 해도 그들을 꼭 잡아맨다.

사랑의 마법은 양성 모두에게 이용된다. 사포 이후에 연애서정시는 오로지 남자 시인들만 썼기 때문에 그런 연애시에서는 — 민요에서 보는 것과 달리 — 오직 남자들의 생각과 의도만이 표현되어 있다. 여성이 가진 사랑의 마법은 테오크리토스의 제2목가에서 펼쳐진다.

배신한 애인을 되찾기 위해 버림받은 여자는 사랑의 묘약을 준비한다. 이 사랑의 묘약을 그녀는 띠로 감은 종지에 붓는다. 마법의 띠(카타데스모스)는 사랑의 마법(필트론)으로 효능을 발휘한다. 사라질 것으로 위협받던 것이 다시 묶인다. 괴테는 이런 상상에 익숙하였다. 위의 시 "작은 꽃들, 작은 이파리들"이 기록된 잡지 『이리스Iris』(1775)의 같은 곳에는 괴테의 시 「새로운 아마디스Der neue Amadis」라는 시가 있는데, 그 시의 마지막 연은 젊은 연인의 상실을 이렇게 노래하고 있다.

> 마법의 띠가 없어
> 배반하고 도주한 그녀를 잡을 수 없었던가?
> 말하라, 그녀가 도망간
> 그 나라가 어디 있는가?

사랑하는 남자가 마법의 띠를 손에 가졌더라면 사랑하는 여자가 도망치지 못했을 것이다. 그 남자가 스스로를 마법의 희생자라고 생각한 반면, "사랑하는 운명의 여자"에게 "마법의 실"로 인하여 붙잡힌 남자는 오히려 한탄하고 있다(「새로운 사랑 새로운 삶」, 같은 방식으로 뫼리케의 시 「페레기나」가 쓰였다. "마법의 실/ 그녀와 나를 불안하게 묶어 둔 띠"). 그 때문에 '꽃 그림 띠' 시와 그에 동반되는 시에서 사랑의 마법에 대한, 반은 진지하고 반은 익살스런 모습이 있다는 것을 부정할 수 없다. 젊은 청년이 바보 같은 짓을 반복하지 않도록 "젊은 봄의 신들"의 작품이어서 효능이 있는 '꽃 그림 띠'가 사랑하는 여자가 도망가지 못하도록 방해할 것이다. 또한 1775년의 잡지 『이리스』에서 괴테의 시 「금목걸이와 함께」라는 시를 찾아볼 수 있는데, 여기서 "목걸이"는 "언제든지 구부러질 수 있어서" 사랑의 띠 역할을 하고 "수백 겹의 작은 고리들이/ 네 목을 아름답게 꾸며 주길 바란다". 몇 년 후에 괴테는 "내 애인"을 위한 "띠와 요대"는 뱀 그림을 그린다는 「미국 원주민들의 사랑의 노래」를 번역하였다. 사랑의 띠 마법을 계몽된 인간들이 원시인에게서 가져왔다.

"그녀와 멀리 떨어져서" 가까이 지내는 두 사람의 사이를 서술하는 것처럼 보이는 시 「꽃 그림 띠와 함께」가 탄생했다. 그 이유는 바로 옆에 있을 경우에만 옷과 장미 띠를 볼 수 있고 시선(초판에는 "입맞춤"이라는 말을 썼다)과 손을 느낄 수 있기 때문이다. 하지만 그렇게 가까이 있는 것은 그저 멀리서 꿀 수 있는 소원몽일 뿐이다. 사랑하는 남자는 "사랑스런 여인"이 선물을 받았을 때 어떤 반응을 보일지 그저 상상 속에서 그려 볼 수 있을 뿐이다. 시와 띠는 그 여자에게 보내졌지 직접 전달된 것이 아니다. 다시 말해 발신자가 이 불확실한 미래에 대해 그것이 마치 현재인 것처럼 말하는 동안 두 가지 선물들은 아직 그 남자의 손안에 있다. 그 남자는 마법사처럼 마법을 통해, 즉 마법의 사물과 마법어를 통해 이 띠를 나중에 매고 혹여 시까지도 읽게 될 여자에게 자기의 힘이 미치기를 바란다. 좋은 신들, 이를테면 "봄의 신들"과 부드러운 바람의 신, 그래서 아주 좋은 소식을 전하는 신으로 적격인 "제피로스"가 그를 도와줄 것이다. 물론 이런 신들은 고대 이래로 사랑의 신으로 많은 부름을 받았던 아프로디테 혹은 아모르처럼 강력한 사랑의 조력자는 아니다. 괴테의 시는 소박하게도 낮은 급의 신들, 아니면 신들을 수발하는 정령들로 만족한다. 그래서 사랑하는 여자가 — 신들의 힘에 압도되지 않고 멋지게 차려놓은 소박한 일들에 매혹되어 — 외견상 "자유롭게" 구애자를 결정할 수 있게 한다. 비너스 신이 없기 때문에 그 여자는 비너스의 자리를 대신할 수 있다. 그 여자를 둘러싸고 있는 거울과 장미는 비너스 화장대에 있는 물건들이다.

선물을 주는 자는 상대방이 그 선물을 받아 거울 앞에서 화장을 할 때에는 같이 있지 않지만, 다시 말해 감사의 표현을 직접 받을 수는 없지만, 그 남자는 마법띠와 마법어를 통한 일의 경과를 그의 소원에 따라 확정하고 미리 생각해 냈을 것이다. 마법의 규칙은 오직 유사한 것에 대해 유사한 것이 영향을 미친다(simila similibus evocantur)는 것을 정해 두고 있다. 이를테면 꽃과 이파리들은 봄의 신들과 같고, "하늘하늘한 띠"는 제피로스의 날개와 같다. 그린 장미는 "장미처럼 여린" 여인과 같고, 천으로 만든 띠는 "내 여인의 옷"과 같다. 자기의 모습을 두 개로 만드는 거울을 바라보는 시선은 그녀가 자신의 모습에 빠진 남자에게 되돌려 주는 "눈빛"과 같다. 묶어 주는 "Band띠"는 지금은 자유로우나 곧 자유롭지 않게 될 "Hand손"와 그 음향에서 같다. 부분이 전체를 현혹한다. 꽃들, 이파리들, 띠, 옷, 거울과 손은 여자(당시 문학어는 "소녀Mädchen")를 사로잡는다. 마법은 작은 수단들로 큰 목적을 이룬다.

연애시들은 공간적인 거리를 두고 진술된다. 이 시들이 존경하는 부인에게 말을 건네는 경우라도 그 부인 앞에서 진술되지는 않는다. 사랑하는 여인이 비록 옆에 있지 않더라도 신들의 언어를 통해 소식을 전해 듣고 자기에게 말을 거는 것을 알아듣기 때문에 그 여인은 신을 부르는 것처럼 불린다. 시는 먼저 제피로스 같은 신을 부른다. 그 후에 멀리 있는 "사랑받는 사람"인 애인을 부른다. "amour de loin", 즉 멀리 떨어져 있는 사랑은 트루바두르나 페트라르카주의자들이 즐겼던 궁정의식만 말하는 것이 아니다. 오히려 이 사랑은 모든 연애 서정시의 기초가 되어 있다고 할 수 있다. 마법으로 맺어진 그 사랑의 연대는 연애시의 모순을 극복한다. 연애시는 사랑에 빠진 자들의 장점을 사랑의 과정에서 칭송하여 이들이 유사-신적인 존재가 되게 한다. 그렇다면 이런 시가 어떻게 인간적인 사랑의 욕동 속으로 빠져들 수 있는가? 초월적인 여인과 무기력한 구애자 사이에 스스로 만든 거리를 극복하기 위해 최소한 그는 서정적 언어가 아직 마법의 노래였던 전 시대로부터 전해 온 힘을 충분히 보존한 서정적 언어의 마법에게 도움을 청해야 한다. 중세 영국의 한 발라드는 가수 글라스제리온에게 그런 마법적 능력이 있음을, 그리고 그런 능력이 사랑에 있어서도 발휘된다고 칭송한다.

He'd harp a fish from the river,
Or water from a stone;
He'd harp the heart from a maiden's breast
To love but him alone.

그의 하프는 강에서 물고기를 건져 올리거나,
돌에서 물을 길을 수 있었다,
그의 하프는 심장을 소녀의 가슴에서 가져올 수 있어서,
그녀가 단지 그 남자만 사랑했다네.

사랑의 마법은 도덕 외적인, 그럼에도 유용한 수단을 통해 이루어지는 구애다. 페트라르카의『칸초니에레』제15번 소네트에서 사랑의 신 아모르는 짝사랑을 한탄하는 시인에게 모든 인간적인 조건에서 벗어나 사랑하는 자들이 행복하고도 불행한 특권을 갖고 있음을 상기시킨다. "che questo è privilegio degli amanti,/ sciolti da tutte qualitati humane". 이미 고대 서정시도 사랑을 에로스 신으로부터 숙명 지어진 예외적인 상황이라 설명했다. 이것은 마치 귀신에 홀린 것 같은 상

황이라 사랑에 빠진 자가 그것을 정열이자 병으로 느낀다고 보았다. 그런 고통에서 벗어나기 위해서는 사랑의 마법이 도움이 되는데, 그 마법은 바로 고통을 받는 자에게 열망하고 사랑하는 사람을 만들어 주는 것이다. 연애시도 마찬가지로 시를 쓰게 하는 대상이 되는 선남선녀들이 운율을 맞춘 아름다운 말의 마법에 매료되면 그것이 곧 치료제가 된다.

서정적 언어가 가지는 마법적 특성 덕분에 괴테의 "제피로스"처럼 사랑하는 남자의 칭송과 탄원과 요청과 희망은 멀리 떨어져 있어도 신처럼 극복할 수 있다. 그 자리에 사랑하는 여자는 아무것도 모른 채, 그리고 그 자리에 없기 때문에 꽃과 이파리, 띠, 신들이 시인과 함께 주술로 불러온 마법에 저항할 수 없다. 시의 신적 언어는 시로 그려진 여인에게서 나온 일종의 정신을 마법어에서 금지할 수 있게 한다. 클롭슈토크의 시 「장미 띠」에서 구애를 받는 여인은 육체적으로는 현장에 있지만 잠들어 있다. 그래서 그녀의 외적 감각이 "장미 띠로" 매어지고 연인이 자기 귀에 무엇을 "속삭이는"지를 지각할 수 없다. 하지만 그런 마법적인 몸짓과 말들로 그는 그 여인이 깨기도 전에 이미 그녀를 현혹했고 마법에 빠지게 했다. 남자는 여자가 자는 동안 여자의 혼에 말을 건넸고 여자는 이제 깨어서 이 혼을 따라야 한다.

> 그녀는 나를 보았네, 그리고 그녀의 삶은
> 이 시선으로 나의 삶에 매이게 되었네.
> 그러자 우리의 세상은 낙원이 되었다네.

마법어와 일상어의 차이는 음향과 리듬의 틀에 매여 반복된다는 데 있다. 그리고 그런 반복은 엄격한 틀에 맞추어지지 않은 대부분의 서정시와도 구별된다. 괴테의 시는 반복과 두운을 사용하여 시작된다. "Kleine Blumen, kleine Blätter"(작은 꽃들, 작은 이파리들)(klein과 Bl-이 두운을 이룬다: 옮긴이 주), 그리고 "띠"라는 제목이 세 번이나 다른 모습으로 전개되며 이렇게 끝난다. "우리를 묶어 줄 띠/ 그것이 그 약한 장미-띠가 아니었으면!" 첫 연과 마지막 연에서 "Hand"는 "Band"와 같은 각운을 가진다. 짧은 이 시가 각기 세 번씩 "띠"와 "장미"를 언급한다. 같은 단어와 단어의 일부분이 반복됨으로써 마법의 힘은 강화된다. 어떤 것이 세 번 반복되면 이루어진다고 하지 않는가(마법의 규칙을 잘 알고 있는 메피스토도 파우스트에게 "당신은 그것을 세 번 말해야 한다"고 요구한다). 삶이 결코 확실하게 보증하지 못하는 것, 이를테면 두 사람이 변함없이 서로 사랑하는 것을 반복을 통해 우연한 일에서 제외시켜 영원히 고정한다. 1180년경 바이에른에서 익명으로 쓰인 오래된 독일 연애시 중 하나는 줄거리와 형식이 사랑의 마법으로 통일된다.

Du bist mîn, ich bin dîn,
des solt du gewis sîn.
du bist beslozzen
in mînem herzen,
verlorn is daz sluzzelîn —
du muost ouch immêr dar inne sîn.

너는 나의 것, 나는 너의 것
너는 그것을 잘 알고 있지
너는 나의 마음에
갇혀 있는데

열쇠는 잃어버렸으니 —

너는 언제나 그 안에 있어야 하리.

"Du bist mîn, ich bin dîn"(너는 나의 것, 나는 너의 것)은 마법의 시로서 내운과 각운, 세 단어로 이루어진 문장의 병치구조, 그리고 두운(b와 d)을 통해 가장 좁은 공간에 가장 많은 수의 반복을 하고 있다. 초상화를 감춰 두고 열쇠를 버리는 사람은 에로틱한 마법의 사건을 행하는 것이다. 이런 것은 오늘날 다시 유행이 되었다. 어떤 유명한 다리 난간에 — 예를 들어 파리, 레겐스부르크나 볼차노에서 — 연인들이 그들의 이름 이니셜이 적힌 자물쇠를 가져와서 채우고는 열쇠를 강물에 빠뜨린다.

사랑의 마법은 유럽 연애 서정시의 전사(前史)에 속하는데 그것은 연애 서정시에 동기, 형식, 그리고 공식을 제공하였다. 하지만 진지한 마법에서 시문학이 생겨났다. 남자나 여자나 아무도 노래로서 어떤 소득을 얻고자 하지는 않는다. 그럼에도 20세기까지 연결된, 여자 친구나 남자 친구에게 보내는 편지에 연애시를 친필로 작성하여 넣는 관습에서 마법적 의도가 살아 전해 오고 있다. 하지만 그런 자세의 근원은 당사자들에게 알려져 있지 않다. 연애시에서 자주 찾아볼 수 있는 '마법-'이란 말이 들어가는 합성어조차 수사학적 과장으로 이해되지, 사랑의 언어가 출발한 근원에 대한 표시로 이해되지는 않는다. 이런 전前문학적인 기원 없이는 문학이 연애 서정시에 대해 알지 못할 것이다. 근대의 시들은 근대에 시작된 것이 아니다. 그 시들은 전 시대의 것을 가져왔고 그것은 근대 당시에 더 이상 통용되지 않는 것이었다. 시에 익숙한 사고방식이 근대의 합리성의 원칙들에 모순적이었다면 그것은 시적인 환상의 자유 때문이 아니었다. 그보다 이런 사고방식에는 세계를 바라보는 그 문화의 방식이 완전히 합리적이라고 본 전근대 문화의 잔재가 보이기 때문이다.

괴테는 난처한 상황에서 우연들을 자기 삶에 대한 표시로, 신탁으로, 운명의 눈짓으로 받아들이기를 주저하지 않았다. 괴테는 문학적 주제로 마법을 찾는 데 오랜 시간을 필요로 하지 않았다. 그의 주저인 『파우스트』에서 그런 주제를 우리는 얼마든지 인용할 수 있다. 다른 작품에서, 위의 시 「꽃 그림 띠와 함께」라는 시를 포함해서, 괴테는 마법적 사물을(나중에 그가 의미의 과잉으로 충만한 대상들과 사건들을 칭할 때 사용한) '상징'으로 완화한다. "장미-띠"는 강하고, 상대의 사랑을 포함한 "우리를 묶어 줄 띠"에 비해 잠정적이고 "약한" 것이다. "띠"에 나타나는 마술수단, 유행하는 장신구, 자주 쓰는 메타포의 '상징적' 연결은 마법과정의 기술적인 확실성으로 이루어지는 것이 아니라, 그보다 원망법 "sei~였으면"가 조심스럽게 원하는 목표를 말해 준다. 시인은 시 속에 이렇게 주의 깊게 마술을 숨겨 두었다. 그래서 독자는 그 속에서 불쾌한 사건이 아니라 진정한 느낌을 만나게 된다. 진지하게 시행되는 모든 마법은 특정한 사람을 가지기 위해 특정한 사람에 의해 행위로 옮겨진다. 사랑의 마법은 그런 구체적인 목적으로부터 멀어져서 구체적인 이름도 언급하지 않으며 그로 인해 인쇄되는 즉시 마법을 믿지 않거나 그런 연애행각에 빠지지 않고자 하는 독자일지라도 그 마법을 자기 것으로 만들 수 있다. 거기다가 괴테의 시 「꽃 그림 띠」에서는 연이 진행됨에 따라 마법의 장치들이 점점 더 약해진다. 이들은 적어도 목적을 달성한 후에는 직접적인, 다시 말해 마법 수단에 의존하지 않은 두 사람 사이의 직접적 관계로 들어갈 수 있다. 속박되어 있던 연인이 "자유롭게" 되고 그래서 얻게 되는 사랑은 이제 "장미-띠"의 효과와 전혀 다른 것이 된다.

13_시인

GEISTERSPRACHE - Zweck und Mittel der Lyrik

20세기가 되어서야 몇몇 그리스 학자들은 — 누구보다 칼 모일리Karl Meuli, 에릭 로버트슨 도즈E. R. Dodds, 발터 부르케르트Walter Burkert 같은 학자들은 — 1777년 헤르더가 이미 말한 생각을 다시 다루기 시작한다. "그리스 사람들 또한 그 옛날에는 말하자면 야만인이었다. [⋯] 그리고 아리온, 오르페우스, 암피온이 살아 있었을 때 그들 모두 고귀한 그리스 무당들이었다." 신화에서는 암피온이 자신의 노래로 불렀던 돌고래에 의해 구조되었고, 오르페우스는 노래로 사나운 짐승들을 고분고분하게 만들었다. 그리고 암피온은 노래로 테베의 장벽을 쌓았다. 시베리아에는 한때 북아시아, 유럽과 아프리카의 넓은 지역으로 퍼져 나갔던 샤머니즘의 잔재들이, 헤르더는 여행기를 통해 이것을 알았을 것인데, 오늘날까지 유지되고 있다. 무당은 한 사람의 인격으로 발전된 문명에서는 각기 분리된 마법사, 성직자, 의사, 시인과 가수의 역할들을 모두 할 수 있었다. 추측건대 이 무당은 여자들에 의해 연습된 최초의 직업이었을 것이다. 이 직업은 종족 내의 다른 사람들이 하는 실제적이고 동질적인 일들과는 구분되었다. 몇몇 시베리아 종족들은 무당들이 사람이 아니라 독수리의 핏줄을 받고 태어났고 그 때문에 저 먼 곳에 있는 영혼들이 사는 곳으로 날아갈 수 있다고 보고 있다. 무당들이 북과 노래로 시작하는 영혼의 여행은 하늘과 땅을 잇고 그 하늘에서 인간의 고난에 대해 초인적인 도움을 얻어 올 수 있다. (우리가 앞 장 "이름들"에서 이미 살펴본 바와 같이) "날개"의 메타포는 그 자체가 후세의 시에서 그런 영혼의 여행을 회상하고 있다. 아이헨도르프의 「달밤」에서 무당의 날아감에 대한 낭만주의의 혼 부름 의식을 찾아내는 것은 결코 무리한 일이 아니다.

그러면 나의 영혼은
활짝 날개를 펴고
조용한 땅 위를 날아갔다네
마치 고향을 향해 날아가듯

시들은 새, 꽃, 나무, 별, 영혼, 그리고 노래처럼 하늘로 날아가는 것들을 특히 선호한다. 클롭슈토크는 "그리스 음률"의 떠오르는 효과를 독수리의 비상이라는 이미지로 파악하려 했다. 알카이오스 송가의 운율은 시인에게 두 개의 코리암보스(강약약강) 운율, 즉 4음절의 운보로 형성된 시행들로서, "날아갈 수 있게, 즉 한 행으로 끝없이 빠른 날갯짓을, 다른 행으로 비상 중에 있으며, 그리고 다시 한꺼번에 비상을 시작할 수 있게 하였다."

무당들, 시인들, 성직자들은 땅 위 높은 곳, 신과 인간 사이에서 모두 자기의 고유한 영역을 차지하고 있다. 모세는 시나이 산을 올라가 신의 말씀을 듣는다. 그에 반해 이스라엘 백성 중 다른 사람들은 "산에 오르지 말지니 산을 침범하는 자는 반드시 죽임을 당할 것이다"라는 경고를 받는다(출애굽기 19:12: 옮긴이 주). 하느님이 우레와 번개에 나타나실 때 "그들이 달아나 멀리 서서 모세에게 이르되 당신이 우리에게 말씀하소서 우리가 들으리이다. 하나님이 우리에게 말씀하시지 말게 하소서. 우리가 죽을까 하나이다."(출애굽기 20:18-19: 옮긴이 주)고 하면서 하느님이 옆에 있는 것은 위험하기에 하느님과 비슷한 특성을 지닌 선택된 자들이 지키고 있어야 한다고 믿는다. 알 수 없는 하느님의 말씀을 전하려면 그들은 청중들의 이해력에 맞추어야 한다. 모세는 중재자의 이런 위험한 역할에 적응하고 있다. 왜냐하면 그가 구약성서에서 기술하듯 시인이자 가인歌人이었기 때문이다. 말하자면 어렵고 지고한 언어를 사용할 줄 아는 능력이 있었기 때문이다. 전근대의 사회가 십계명처럼 신적인 지지를 회복할 때만 그 사회의 사회문화적 질서가 신뢰할 만한 것이었다. 그렇다. 오직 중재다. 신화적 문화영웅을 통해서만 그런 질서가 표현되고 수행될 수 있었다. 이런 마법사, 예언가, 점쟁이의 특별한 위치는 특수 언어, 거기다가 신적인 지식을 이해할 수 있고 구체적인 형식으로 파악할 수 있다.

적들이 공동체의 존재를 위협했던 위기의 상황에서도 마법의 힘을 갖춘 시인이 필요했다. 시인을 전쟁터에 같이 데리고 간 것은 시인이 부르는 노래가 갖는 마법의 힘이 전쟁의 승패를 결정짓는다고 보았기 때문이다. 그래서 아르고스 출항 시에 오르페우스가 승선했다. 모세가 전쟁을 할 때 그의 지팡이, 즉 마술지팡이를 높이 치켜들자 자기 백성이 전쟁터에서 이겼다. 20세기까지도 성직자들은 마치 마법사처럼 무기 위에 축복을 했고, 시인들은 켈트족의 시인들처럼 군인들에게 시를 써서 출정하도록 했다. 테오도르 쾨르너Theodor Körner가 해방전쟁의 이상적 인물이 된 것은 그가 『리라와 칼』로, 즉 노래와 무기로 전쟁에 참여했기 때문이다. 전쟁터의 군인들은 그의 시들을 음송했고 모든 독일인들은 나폴레옹 전쟁에 이기자 합창하였다. 타키투스의 게르마니아에서 읽었던 것이(쾨르너 시대에 이 책은 모든 김나지움의 필독서였다) 새로이 받아들여졌다. 즉 게르마니아 전사들은 시인들과 함께 전쟁터에 나갔는데, 노래를 앞세운 방패 뒤에서 모두 저음으로 노래를 부르면 "용기가 불꽃처럼 타올랐고 그 소리로 다가올 전투의 결과를 예견할 수 있었다."

로마인 타키투스는 이 게르만적 관습을 흥미롭게 관찰했다. 왜냐하면 그에게 그런 노래의 마법에 대한 믿음이 이상하게 느껴졌기 때문이다. 로마에서는 시문학이 그 당시 이미 오래전에 문학적 교양과 심미적 토론의 일부분이 되어 버렸기 때문이다. 호라티우스와 베르길리우스가 시인이 "vates", 즉 예언가라고 칭송했던 것은 이제 지난 시절에 대한 특수한 기억일 뿐이다. 당시 현재 생산되고 있었던 운문 문학을 로마인들은 무감각하게 보았다. 그들에게 문학은 그저 수공업이자 예술작품일 뿐이었다. 시인의 활동에 대한 이런 이성적 수용은 로마 제국에서 번성했던 기독교에도 적용되었다. 교회가 성직자들에게 숭배하는 일과 사후 세계에 대한 계시를 금지하였으므로 그들은 시인들에게 오로지 종교적 진리의 표현을 기대하거나 지상의 존재에 대한 도덕적으로 확실한 아름다움을 얻으려 했다.

근대에 와서 시인들과 그 옹호자들은 "천재"라는 모토를 통해 시에 대한 확실한 권위를 일부 되돌려 받았다. 천재의 내부에는 재능과 광기가 내재한다. 그 때문에 천재 자신의 내면에는 종교의 간섭과 감시

없이 유사 종교적 자질이 갖는 진리가 있다. 하늘의 비밀스런 영향 없이는("du Ciel l'nfluence secrète") "천재"가 있을 수 없다고 1674년 브왈로의 비판적 시론詩論인 『시 예술L'Art poétique』은 가르치고 있다. 계몽된 세계에서는 시의 천재가 예언가의 환생이라고 보았다. 이미 천재의 이 새로운 개념을 알고 있었다는 듯 『오디세이아』에서 "신들과 인간들 앞에서 노래한" 가인 페미오스는 자신의 재능이 자기의 본성에서 나왔고 동시에 신들의 영감에서 나온 것이라고 말하고 있다. "나는 아무에게도 배우지 않았다[autodidaktos d'eimi: 나는 스스로 쓰는 자다] 하느님이 여러 가지 노래를 내 영혼에 심었다." 『풀잎』(1855)의 서문에서 월트 휘트먼은 근대에 이루어지는 시적 예언의 가능성에 아무런 의심도 하지 않는다는 듯 자신과 동료 시인들에게 "예언가vates"의 위엄을 요구하고 있다. 이 예언가는 모든 사물에 "우주의 위대함과 생동감을 부여한다. 그리고 그는 점쟁이a seer이며 […] 그는 개인적이며 […] 그는 자신 안에서 완벽한 존재다." 그런 꿈꾸는 자는 자신 안에서 완벽하여 페미오스보다 더 용감하게 자신의 천재성을 보장해 줄 신을 언급조차 하지 않았다. 이 천재에 대한 그의 묘사가 전통에 의거한 것인지, 확신이나 연구 또는 도전에 대한 기쁨에 근거한 것인지 우리는 알 수 없다. 물론 20세기 초기 이후에 아방가르드 서정시는 휘트먼의 정열로부터 등을 돌렸다. 폴 발레리는 소위 말하는 시에 필요한 재능(천재성)을 (어원학적으로 친숙한) — 자신의 천재적 능력에 따라 — 단어를 시로 조립하는 "엔지니어Ingenieur"로 대체할 것을 제안했다. 그러나 시적 작업에 대한 이런 기술 개념도 과장된 축소일 뿐이다. 이것은 "천재"에 대한 일반화된 견해에 대항한 반감일 뿐이다. 발레리 자신의 시들은 엔지니어 예술의 생산물과는 전혀 다른 것이었다.

라틴어 "vates"는 "미친"이라는 의미의 고고 독일어 "wuot"와 어원적 유사성을 가지고 있다(여기서 신고 독일어 "Wut분노"란 말이 나왔다). 시문학의 다른 언어는 다른 상황, 자신의 정신을 벗어난 상태의 결과로 이해되었다. 예언, 광기, 운문은 시적 능력의 근원신화에서 서로 가까이 존재하고 있었다. 그들의 공통적 신은 아폴론이다. 시인은 덧없는 현실에서 영원한 진리를 말할 과제를 갖고 있다 — 이런 견해는 오늘날 시문학적 힘을 믿는 연설문에만 등장할 뿐이지만 그것은 원시적 문화들의 모습과 일치한다. 예견자의 정신적 계시는 의미있는 계시들을 시로 표현할 수 있는 기술적인 능력을 통해 증명된다. 그 때문에 시적인 작품을 완성한 자에 대한 비교적 근대 개념인 "시인poeta"은 과거의 개념인 aoidos(예언가vates), 즉 지혜를 말하는 가인歌人의 위엄을 어느 정도 갖추고 있다. 그것은 언제나 시를 쓸 수 있는 능력 — 이야기꾼도 드라마 작가도 아니다 —, 이들은 계몽된 시대에도 이성적 인식과 판단의 경계를 넘어 숨겨진 것과 미래에 올 것을 중얼거림의 시구로 해석하고 그 해석에 자신을 맡긴다. 퀴리누스 쿨만Quirinus Kuhlmann, 앙겔루스 실레시우스Angelus Silesius, 클롭슈토크, 횔덜린, 노발리스, 게오르게, 첼란은 독일문학사에서 시인들이 늘 인용하는 예언가 역할을 하는 대표적인 시인들이다.

시인이 자기 시에 존경과 믿음을 부여하기 위해 부름, 마법어, 예언, 비밀에 싸인 불투명함을 통해 항상 초인적 능력을 보여 줄 필요는 없다. 서정시의 어떤 장르들은 순수한 인간적인 통찰, 즉 경험과 이성 그 자체로 만들어졌다. 이들은 구약성서 잠언에서부터 18세기의 교훈시에 이르기까지, 옛날의 속담에서부터 근대의 사상시에 이르기까지 아주 다양하다. 이미 서술방법이 격언으로 이루어진 지혜는 일상적이고 인간적인 능력으로 만족한다는 것을 보여 준다. 그러나 그것은 말해지지 노래되지는 않는다. 교훈잠언들은 인간의 교제를 위한 규칙들을 세운다. 예를 들어 『에다』는 손님이 주인에게 어떤 바른 행동을 해야 할지 이렇게 가르친다.

떠나야 한다네, 항상 한 장소에 머물러선 안 되네
남의 집에 오래 머무르면
사랑이 고통을 받는다네

이 시의 형식은 충고를 기억하고 마음에 새기고 적당한 시기에 실행할 수 있도록 한다. 호라티우스 송가는 유럽에서 오랫동안 전승되어 왔다. 왜냐하면 이 송가가 친구들 사이에 행복한 존재로 남기 위한 분명한 준칙과 풍부한 감성향유, 즉 시에 대한 즐거움들이 초야에 묻혀 혼자 살 수 있는 것들을 묘사하기 때문이다. 또 그로 인해 명예, 호사, 전쟁욕구를 경고하기 때문이다. 그렇게 분명하게 드러나는 지혜들을 모두가 다른 말로 표현할 수 있을 것이다. 그러나 그렇게 표현해 본들 시의 운이 가지는 권위는 없을 것이다. 인간적 지식을 보편적으로 인정받는 반복의 형식가치로 무장하는 것은 어렵다. 시는 그저 삶의 지혜에 대해 말할 때면 신들과 관계를 맺으며 얻는 명성으로부터 무엇인가를 간직하고 있다. 용기, 경고, 위로, 가르침 같은 인간을 향한 이화행들은 이런 눈에 띄는 운율형식에서 더 깊은 영향을 받을 것이다. 글자가 없었던 고대문화에서 일반적이었던 운율로 된 율법 텍스트는 산문으로 쓰인 올바른 문장보다 쉽게 잊힐 수도 변질될 수도 없었다. 속담은 이런 장점을 갖고 있으며, 그래서 그 지혜는 일상적 지식을 넘어선다. 리듬과 운율로 고정된 간명한 진술은 분명 어떤 이론異論도 제기할 수 없게 한다. 속담은 일상적 지혜의 마법적 형식이다.

실러는 소설가를 "시인의 사촌" 정도로만 인정하였다. 그리고 그는 자유로운 산문에서 운율로 만들어진 문장으로, 소박한 문체에서 숭고한 문체로, 세속적 텍스트에서 성스런 텍스트로의 단계적 이동에 위계가 있는 것으로 보았다. 그 때문에 작가의 작품 전체를 두고 보더라도 서정시가 작가의 작품 맨 앞에 온다. 물론 오늘날은 어떤 저자의 문학적 위계에 시가 가장 먼저 오는 것이 아니라 소설이 가장 성공적이고 인정받는 자리를 차지하게 되었다. 그 때문에 '작가Schriftsteller'라는 직업이 '시인Dichter'이라는 경칭을 밀어내게 되었다. 그 이유는 시인이라는 말이 더 숭고하지만 더 이상 믿을 수 없게 된 시인의 소명을 기억나게 하기 때문이다.

시인의 소명은 다른 어떤 직업과 같은 것이 아니다. 우리는 시의 저자에게 화가나 조각가가 하는 일과 같은 것을 볼 수 없다. 시를 고안해 내는 자는 그저 다른 사람으로부터 방해받지 않고자 할 뿐이다. 비록 우리가 시인의 신비적 행위에 시민사회에서의 명성을 부여하기 위해 (핀다로스는 시인들을 tektones, 즉 건축사라 불렀다. 이유는 그들이 화가나 조각가처럼 전체 모습을 구상하고 개개의 것을 짜 맞추기 때문이다) 시도 일종의 수공업이라고 말하기는 하나, 다른 전문 직종의 행위와는 달리 시를 쓰는 데 어떤 공구가 필요한 것은 아니다. 글자가 없는 문화에서는 시작품이 기억과 환상의 상호작용을 하는 머리에서만 생성된다. 줄글 문화에서 시인이 펜과 종이로 그의 서정시 텍스트를 기록하지만 이 단출한 도구가 생산에 필수불가결한 수단은 아니다. 그에 반해 운율과 리듬을 필요로 하지 않는 소설 텍스트는 구성을 위해서나 보급을 위해 필기도구와 재현기술'이 필요하다. 시인의 작업이 볼 수도 측정할 수도 없어지면 없어질수록 그 보상을 위한 기준은 더 없어진다. 시는 그것을 생산하는 데 필요한 시간에 따라 비용이 지불되는 것이 아니다.

원시부족 사회에서 시인의 능력과 지위는 대부분 유일하고 특출한 사람에게 집중되어 있었다. 말하자면 이 특출한 사람이 곧 시인이었다. 분화된 사회에서는 시인의 과제와 위상 또한 다양하다. 기원전 4세기경, 신석기 시대 이래 상위 귀족층이 생겨났다. 이들은 가축을 기르고 쟁기로 경작을 하면서 생계를 유지했다. 제후들의 궁정은 시인 이외에도 가인과 악사들을 고용했고, 이와 동시에 그들의 일에 따라 보상을 하는 직업이 만들어졌다. 후원자를 찾기만 한다면 시인이 더 자유롭고 명예로운 지위를 획득할 수 있었다. 후원자는 시인이 마치 자기와 같은 지위를 갖고 있는 양 처우했고, 그를 선물로 후원해 주었다. 개개의 시문학 장르들은 아주 다양하게 전문화되었다. 아주 긴 서사시를 노래로 부른 가인들은 궁정의 선조들이 이룬 영웅적 행위를 미화하여 이야기함으로써 궁정의 총애와 보상을 받았다. 그에 비해 서정적 문학은 다양한 계층의 사람들이 만들 수 있었고 노래할 수 있었다. 개인으로나 합창단으로, 남자나 여자로, 성스런 예언자나 세속적인 여흥시인으로, 직업적 궁정시인이나 유랑 가객으로, 귀족시인이나 서민시인으로, 성직자나 견습성직자로, 문외한이나 직업가수들로 참여하였다. 오늘날에조차도 이런 서사와 서정시의 경제적 구분은 그대로 재현된다. 소설을 쓰는 사람은 시간을 투입하는 행위로 물질적 성공을 얻는다. 그러나 시를 쓰는 사람은 돈을 벌 생각은커녕 출판사조차 찾을 수 없다 — 물론 루드비히 울란트Ludwig Uhland에서 볼프 본드라첵Wolf Wondratschek에 이르기까지 어떤 시집들이 성공을 거두었다는 것은 배제할 수 없다.

서정시의 언어가 분명 일상어와는 구별되는데, 그렇다면 이로 인해 시인의 인격이 비일상적인 어떤 것이 되었다는 뜻인가? 고대에서부터 근대에 이르기까지 시인이 다른 사람과 다르다는 사실을 몰랐던 것도 아니고 자기 자신의 독특함에 대해 동시대, 그리고 후대의 동의가 없었던 것도 아니다. 독자는 그저 신적인 또는 유사-신적인 영감이 영감 받은 자의 성격, 존재, 그리고 운명에 영향을 미쳤을 것이라 추측한다. 시를 쓰는 데 요구되는 고요함으로의 침잠, 그리고 일상어와는 뚜렷이 구분되는 시어의 차이가 시인을 고독한 존재라는 현재의 상상과 결부시킨다. 이 상상은 샤머니즘적 원시사회에서 아방가르드적 모더니즘에까지 이른다. "서정시는 은둔자의 예술이다"라고 벤Gottfried Benn은 정의했다. 그는 아마 이에 대해 여러 가지 근거를 갖다 댈 수 있을 것이다. "Solo et pensoso i più deserti campi/ vo mesurando"(고독하게 그리고 생각에 빠져 나는 외진 곳을 가로지른다). 이렇게 페트라르카의 소네트는 시인으로서 인간들로부터 등을 진 존재에 대해 한탄하고 또 칭송한다. 루이스 드 공고라Luis de Góngora는 그의 서정시에 솔리다데스solidades, 즉 고독이라는 이름을 붙였다. 릴케의 자화상 「고독한 사람」은 그가 경시하는 "군중"들에 저항하고 있으나 또한 고독하지만 군중들 속에 머문다.

낯선 바다를 건너온 사람처럼
나는 영원한 원주민들과 함께 있다
그들의 음식에는 충만한 날들이 있지만
나에겐 아득한 곳의 모습만 있다.

출판을 통해 이 시는 "영원한 원주민들"에게 알려진다. 책을 읽는 동안 이들의 역할은 "나"로 바뀌고, 시인과 같이 "낯선 바다"를 건너온 적이 있지만 이제 "고독한 사람들"이 되어 느끼게 된다. 예언가가 마을 사람들에게 숨겨진 진리를 가르쳐 주듯이 "고독한" 시인은 등을 돌린, 하지만 환영하는 "군중들"에게 차단된 경험을 놀랄 만한 심상으로 재현해 준다.

추측건대 시인들이 다른 문학가들에 비해 사교성이 덜하지는 않을 것이다. 아마 과거에는 이보다 더 사교적이었을 것이다. 왜냐하면 시는 드라마나 소설보다 더 빨리 쓸 수 있고 마음에 드는 모임에서는 낭송까지 할 수 있었을 테니 말이다. 하지만 고독한 시인에 대한 특수한 심상은 독자의 상상을 작가 존재의 현실에 대한 다른 어떤 특성보다 더 강하게 각인할 것이다. 숭고한 — 뽐내는 — 말로 말라르메는 시의 특성을 시인의 특성과 같이 보고, 동시에 양자를 서적시장에서 대치시켰다. "시인은 그가 누설하는 모습대로[말하자면 시작품은 잘 안 팔린다], 그렇게 그는 살아간다. 광고판과는, 서적들 무게에 눌려 부서진 판매대와는, 또는 불만으로 가득 찬 서점의 주인들과는 거리가 먼 외진 곳에서 그리고 그것에 아랑곳하지 않고: 시인은 필연적인 시선, 공감의 시선으로 아름다움을 받아들이고, 이제 그 변화 또한 알아채게 된, 그 이전시대의 모습antérieurement, 즉 아름다움과의 계약에 따라 살아간다." 적은 수의 말들로 이루어진 시보다 상술하는 문장으로 만들어진 소설은 서정시인과 가인의 삶의 방식을 묘사할 수 있다. 괴테의 소설 『빌헬름 마이스터의 수업시대』에서 거의 노래로서만 말을 하는 하프 타는 노인과 미뇽은 요령 있게 살아가야 할 산문 세계에서 낯설고 고독하여 결국 죽음에 이르기까지 정처 없이 살아간다. 장 파울의 소설 『개구쟁이 시절』에서 그리스 경구 형식으로 시를 쓰는 주인공 발트는 이해할 수 없는 문외한들의 한가운데서 축복된 시인의 존재로 살아간다.

"오 시인들이여, 그대들은 항상 긍지를 품고 살아왔다. 이제 더 이상이 될지어다. 더 고상하게 될지어다." 말라르메의 외침은 시어의 우월성을 서정시인의 자의식에 전가하고 있다. 그들의 능력을 칭송함으로써 서정시인은 아직도 소극적이지 않았다. 오히려 많은 시인들은 청자의 넓은 마음을 구하였다. 그 시인들이 칭송한 것은 지속적으로 이름을 얻게 되고 그 때문에 시인은, 호라티우스가 동시대인들에게 예언하였듯이, "청동보다 더 오래 갈 기념비"를 세울 것이다. 그러나 그 후광이 시인에게 미칠 어떤 작품의 아름다움과 숭고함은 현대시에 와서 부정적 이상, 추, 혼돈, 무로 돌아갔다 — 그러나 이것이 시인의 명성에 해를 끼치지는 않았다. 보들레르, 베를렌, 랭보가 묘사했던 "poète, maudit", 즉 저주받은 시인들은 모든 도전에도 불구하고 신의 은총을 받은 가인들의 전통적 상과 일치한다. 전통 시인이나 현대 시인이나 국외자이긴 마찬가지다. 결정적인 것은 아름다운 것이냐 추한 것이냐, 사포가 표현한 영광이냐 보들레르가 보여 준 부패한 것이냐가 아니다. 더 결정적인 것은 두 경우 모두 일반인들이 쓰는 언어와는 거리를 둔다는 점이다. 흉내 낼 수 없는 언어로 은총받은 이나 저주받은 시인들이 시를 쓴다. 그에 반해 산문작가는 이미 그의 언어가 지니는 유사성을 통해 일반적인 대화의 톤으로 군중들에게 동의를 구한다.

20세기의 몇몇 서정 시인들은 서정시의 화려한 표현과 시에 대한 과장된 경외심과는 거리를 둔다. 누구보다 로버트 프로스트, 윌리엄 카를로스 윌리엄스, 엘리자베스 비숍과 같은 미국 시인들이 그렇다. 이들은 숭고함이나 저주를 향한 특별하고도 기이한 몸짓을 포기하고 눈에 띄지 않는 소박한 언어, 즉 거의 일상적 산문과 구별되지 않는 언어에 만족한다. 브레히트의 「부코우 비가」 또한 이런 서정적 반시의 문체로 쓰였다. 그럼에도 불구하고 그런 시들에는 전통적인 시인이 회피한 페이소스가 거의 미미한 부정의 페이소스를 통해 살아 숨쉬고 있다. 항상 시인들은 불가피하게 이미 쓰인, 그리고 읽은 시들의 배경 하에서 시를 쓰는가 보다.

14_ 환생

GEISTERSPRACHE - Zweck und Mittel der Lyrik

어떻게 그리고 무슨 목적으로 서정시가 만들어졌는지를 아는 것이, 서정시를 있게 한 대부분의 문화적 전제 조건들이 사라진 오늘날까지도 왜 서정시가 존재하는지를 이해하는 것보다 더 쉽다. 오늘날 누가 신들과 정령들을 부르는 소리를 의미 있다 할까? 누가 마법어가 영향을 미친다고 생각을 할까? 누가 축제와 전쟁 대열에 필요한 시를 쓸까? 누가 진리를 말하는 언어에 대한 표시로 압운과 운율을 받아들일까? 또는 소박하게 말해서 누가 아직도 속담을 믿을까? 그런데 근대, 심지어 최근의 서정시까지도 그런 전제조건이 지속되기라도 하는 듯 쓰인다. 현대 서정시는 눈에 띄는 특수 언어와 시의 특수형식을 만들어 낸 어떤 불투명한 근원을 추측하기라도 하듯 시를 다루고 있다. 근대의 서정시가 갖는 이 믿음의 부재는 시간이 문학적 관습, 나아가 서정시의 관습보다 더 빨리 그리고 더 획기적으로 변했기 때문에 발생한 것이다. 다신교를 믿지도 않는 사람들이 근대에 와서 마치 다신교를 믿는 사람들인 것처럼 사랑의 여신 비너스, 봄, 기쁨 또는 강이 신성을 간직하고 있기라도 한 듯 묘사하고 있다. 시 안에서는 시 밖에서보다 다른 종교가 더 잘 통하였다. 그 때문에 서정시 이후에도 서정시는 존재하는 것이다.

서정시 역사의 흐름 속에서 물론 서정시는 완전히 잊히지는 않았지만 그 발생 조건으로부터 차츰 멀어져 간다. 그런데 시의 어투와 형식은 그 조건들을 보존하고 있다. 이 특성들은 비밀스럽고 낯선 느낌을 주고 그 때문에 시어詩語의 원래 목적에 충실하지 않은 다음 세대에도 매력적으로 다가왔다. 1차적인 목적의 자리에 2차적인 목적이 들어선 것이다. 시의 원시성은 계몽된 세계의 실용과 논리가 아무것도 해 줄 수 없는 데 대해 생각하고, 느끼고, 말할 욕구를 요구하고 충족시킨다. 현대인의 심리는 완전히 현대적이지 않다. 점점 빨라지는 현대화의 부당한 요구를 벗어나기 위해 집단적 기억은 사멸한 것, 폐기된 것을 되가져온다. 낭만주의가 제일 먼저 현대 이성이 생산한 이 심리적 결손을 문제점으로 인지하고 과거에 감정이입함으로써 균형을 잡으려 했다. 낭만주의 시 또한 마치 원시적 제의가 그것을 믿는 자를 황홀경에 빠지게 했듯이 근대의 독자를 꿈속에서처럼 현실에서 벗어나게 했다. 근대에 들어 반시대적인 것에 대한 욕구는 시대적인 것이 되었다.

태곳적 서정시가 그 형식은 간직한 채 기능을 상실하는 과정은 이미 고대에서 시작되었다. 제의적 노래는 그것을 담고 있던 제의가 이미 반쯤이나, 혹은 완전히 망각된 이후에도 살아서 문자로 고정되고 문학적 기억에서 전승되고 있다. 이미 알렉산드리아와 로마의 시인들은 시의 위의威儀를 간직하기 위해 과거의 제의적 문체를 모방했다. 일련의 시대착오가 지속되었다. 분명 읽기만을 위해 쓰인 근대 서정시가 계속해서 시연과 운율을 사용하여 음악과 춤을 연상시킨다. 18세기와 19세기에 쓰인 시들은 예외적으로 운율과 압운을 버리더니 20세기에는 그것이 다시 사용된다. 그리고 시행이 운율에 의해 생겨난 것처럼 다시 시행을 받아들인다. 보들레르와 랭보의 "Poèmes en prose산문시"에 와서 이런 관습이 없어질 때까지 시행은 계속 유지된다(그러나 그 이후에도 시의 평균적 길이는 지켜지고 있다). 20세기에는 그래픽 구조로 내용을 만든 시들이 탄생한다. 그렇지만 이런 시들은 단어나 음향을 포기한다. 크리스티안 모르겐슈테른Christian Morgenstern의 「물고기의 밤노래Fische Nachtgesang」는 물고기 비늘모양을 닮은 강약으로 된(─◡) 운율기호로 만들어져 있다. 차츰 서정시는 자신을 구성했던 요소들을 벗어던져 버렸다. 이상한 것은 이런 과정이 오랫동안 지속되고 모든 축소가 이루어진 이후에도 '서정시'라는 것이 남아 있다는 점이다.

오히려 반대의 경향들이 이 축소의 과정을 저지하고 있다. 어떤 다른 제도도 서정시의 옛 형식들을 보존하는 데 기독교만큼 큰 역할을 한 것은 없다. 그것은 기독교의 숭배가 숭배의식과 연관된 언어를 요구했기에 가능했다. 2천 년 전에 교회가 시작되었을 때 기독교는 기도와 기원송과 찬송가를 이교도로부터 받아들여 새로운 내용을 옛 형식에 적용하였다. 가톨릭교회의 몇몇 형식들은 현재까지 보존되어 왔다. 매일매일, 이 축제에서 저 축제로 옮겨 가면서 반복적 사용으로 인해 누구나 그 노래를 익히 잘 알게 되었다. 교회에서 교인들은 "키리에 엘레이손"과 "할렐루야"를 듣고 "라이제"와 "유빌리타치온"으로 변화시키고, 세속적인 삶으로 옮겨 가서 매일의 일상을 약속된 천국에 대한 믿음을 가짐으로써 어려움을 극복했다. 교회의 성사에 관여했던 서정시 형식의 지속성, 민속성, 그리고 위엄은 세속적 시인들을 모방하도록 추동했다. 시행의 처음과 끝에 어떤 공식처럼 반복되는 성만찬과 같은 전통적인 예배조차 현대 서정시인은 놓치지 않고 받아들여 그들의 자유롭고, 산문에 가까운 텍스트를 반복을 통해 더 탄탄한 구조로 만들게 되었다. 웅가레티의 「끝Finale」이란 시는 여섯 행시의 끝마다 "il mare바다"란 말이 온다. 그런데 그 다음에 요리문답처럼 "il mare"가 또 한 번 온다. "Morto è anche, vedi, il mare,/ Il mare" (죽은 것은 또한, 보라, 바다다,/ 바다). 르네 샤르의 시 「라 쏘허그 La Sorgue」는 10행과 또 한 행으로 이루어져 있는 매 행이 "Rivière강"를 부르는 말로 시작한다. 앨런 긴즈버그Allen Ginsberg의 「울부짖음 Howl」이라는 시는 모든 문장의 첫 부분에 "who"라는 말을 59번 넣고 마지막 부분에 "Holy"란 말을 11번 넣음으로써 산문 투의 시행에다 연도連禱식의 문투를 조합하였다. 게르하르트 륌Gerhard Rühm은 「기도 Gebet」라는 음성音聲 시에 다음과 같은 설명을 붙였다. "이 시는 연도連禱와 같이 조용하게 말하는 3도 음 내의 서창으로 이루어져 있다." 세속적인 패러디조차 예배 같은 형식을 기억에서 불러오고 있다.

소설에서는 개인을 지칭할 때 지위나 시대성격에 따라 "du", "Er", "Ihr", "Sie"라고 쓰는데 서정시의 언어는 교회의 언어처럼 과거에 쓰던 "du"밖에 쓰질 않는다 — 영어에서는 일상어에서 사라진 "thou"를 쓰긴 한다. 서정시는 그 자체가 보수적인 제도로서 언어관습, 주제, 운율, 그리고 장르를 수천 년이 지나도록 보존하고 있다. 비록 독자는 그때그때 그저 개별적인 시를 읽지만 그것은 시라는 장르의 한 표본일 뿐이다. 유감스럽게도 서정시 앤솔러지 대부분에서는 시라는 장르의 힘을 볼 수 없다. 앤솔러지들은 유명한 시인의 독창적인 시들을 선택하여 그것을 역사적 순서에 따라 배열하여 모든 시가 저자의 즉흥적인 착상이거나 시대정신을 필연적으로 표현하는 것이라고 보는 것 같다. 다른 식으로 써서 반복하는, 말하자면 같은 장르의 틀에 있는 시들은 사실 아류亞流고 그래서 앤솔러지로 만들 만한 가치가 없다. 그에 반해 이미 고대 그리스에서 시작되었던 수천의 그리스 경구警句시 모음집인 『안톨로기아 그레카Anthologia Graeca』를 들여다보면 형식과 동기의 협착한 제한 자체만 해도 얼마나 수많은 다양함과 과장된 묘사가 일어나는지를 알 수 있다. 그런 경구시의 탄생에서 저자는 경구시라는 장르로서 조금만 참여하고 있을 뿐이다. 이 장르는 지속적인 형식 스키마로서 이것을 위하여 고안한 텍스트에 앞서 존재한다. 시가 경구, 송가, 소네트를 묘사하는 한, 말하자면 시가 그 길이, 시행, 시연, 운율규칙, 문체규칙을 제시하는 한, 나중의 시는 이 장르의 원래 상황을 보여준다. 근원적 상황은 서정시 전통의 안정성을 보장하고 역사적 변화의 정도와 시적인 고안의 자유를 제한한다. 기원전 600년경에 알카이오스가 고안한 알카이오스 송가의 복잡한 운율은 호라티우스에 의해 중세와 근세에 전해졌다. 요하네스 보브로프스키조차 클롭슈토크와 횔덜린의 흔적이 있는 그 송가를 이렇게 소개하고 있을 정도다.

> 나는 오늘 너희를 찾는다 알카이오스들이여, 너희들이
> 나의 마음을 다시 술통으로 끌어들이고 내 입을 열어
> 말을 토하게 한다. 저녁에 말없이
> 시가 나온다.

봄에 관한 시를 쓰는 자는 필연적으로 문학적 기억에 저장된 봄을 부르는 수많은 소리들이 귀에 쟁쟁하다는 것을 알 수 있다. 알카이오스

시의 단편으로 뫼리케는 그의 시 「봄이다Er ist's」의 마지막을 이렇게 모방했다. "봄, 그래, 너로구나!/ 너인 줄 내 알았도다." 뫼리케는 알카이오스의 시 "봄, 향내 나는 너, 너를, 오는 이를, 나는 알았노라!"를 그렇게 바꾼 것이다. 향내와 오는 이의 예감은 뫼리케의 시에도 빠지지 않았다. 결국 그리스의 모범인 알카이오스의 시를 풀어내 놓은 것이라고 말해도 될 듯하다.

달콤한, 친숙한 향기들이
예감에 차 땅 위에 퍼지면
제비꽃은 이제 꿈꾸고
피어나려 기지개를 켠다.

2천5백 년이라는 시간의 간극에도 불구하고 두 시의 차이는 큰 것 같지 않다. 어떤 다른 문학도 그 기원과 현재가 서정시만큼 같은 것이 없다.

아방가르드 서정시의 옛 요소들은 모방하는 것을 즐긴다. 말하자면 가장 최신의 것이 가장 고대적인 것의 변장으로 등장한다. 후고 발Hugo Ball은 자신의 음성音聲 시를 마치 그 스스로 그것을 기록하듯이 낭송한다. 이때 그는 실린더 모양의 길고 희고 푸른 줄무늬 무당 모자를 머리에 쓰고 "나의 목소리는 원시 제사장의 비탄을 받아들이는 것 외에 다른 길이 없다"라고 말한다. 반복 또한 서정시의 고유한 역사를 규정하는데, "태곳적 운율"이 지속되거나 갑자기 다시 등장하여 말하자면 시간이 정지되어 있다는 느낌을 준다. 서정시의 역사는 다시 되돌릴 수 없는 일회적 과정이 아니다. 한스 마그누스 엔첸스베르거Hans Magnus Enzensberger는 "다른 시대, 다른 공간에서" 나온 시들을 번역하여 모은 시선집에 "영들의 목소리"라는 제목을 붙였다. 비록 서정시가 갖는 영들의 언어는 영들과 소통할 수 있다는 믿음이 사멸되었지만, 이 영들의 언어를 만든 죽은 자와 산 자 사이의 영적인 — 사실 글자와 인쇄가 만들어놓은 — 소통은 계속해서 살아 움직인다.

고대 서정시의 아름다움과 독특함이 거기에서 자극받은 동경을 항상 역사적으로 지나간, 그러나 심미적으로 활성화되는 시문학의 시작기로 되돌린다. 어떤 낭만주의 시인은 고집스럽게도 "사라진 신들이 네게 나타나노니"(에머슨Ralph Waldo Emerson의 시 「브라마」)라고 노래한다. 「비잔티움 항해」라는 시에서 예이츠W. B. Yeats는 상실한 믿음의 세계로의 시적인 회귀를 통해, 즉 "비잔티움으로의 항해"를 통해 의미를 상실한 현재에 대한 삶의 권태에서 벗어나길 바란다. 거기에서 "신의 신성한 불빛 아래 서 있는 현자들은 […] 내 영혼의 노래선생들singing-masters of my soul"이 될 것이다. 그런 가르침은 현대 시인들로 하여금 그들의 선조들이, 무당들과 예언자들이, 전지하게 "과거에 있었던 일, 현재 일어나는 일, 그리고 미래에 오게 될 일Of what is past, or passing, or to come"에 대해 노래하던 것과 같은 능력을 갖추게 될 것이다. 현대에 와서 많은 시들이 현대에 등을 돌리고 신화로 회귀한다. 에른스트 슈타들러의 「밤에 차를 타고 쾰른의 라인강 다리를 지남Fahrt über die Kölner Rheinbrücke bei Nacht」이라는 시는 "기차에서" "가로등"과 "굴뚝"을 바라보며(이 단어들은 말하자면, 기존 서정시의 어휘들과 낯선 만큼이나 현대인의 일상 경험에 익숙하다) 시작하나 결국 생산과 죽음의 신화적 제국에 도착하는 것으로 끝난다.

> 마지막 사람을 향해, 축복하는 자를 향해. 추수감사를 향해
> 기쁨을 향해, 기도를 향해. 바다를 향해
> 몰락을 향해

현대시는 전근대적 기원을 향해 가는 도중에 있다. 물론 그것들은 그냥 사용하는 것이지 마법으로 불러올 수 있는 것이 아니다. 슈타들러가 '라인강 위를 차를 타고 지나가는 것'은 집단적 축제를 목표로 하지 않는다. 그보다 이 시는 예이츠의 「비잔티움 항해」처럼 더 이상 존재하지 않는 축제에 대한 그리움으로 가득하다.

18세기 이후에 대부분의 선교사들은 민족지적 기술記述을 통해 원시인들의 춤과 노래에 최고의 행복이 있다는 생각을 유럽으로 전파한다. 1763년 런던에서는 존 브라운John Brown의 「시와 음악의 발생, 통합, 그리고 힘, 진전, 분리, 그리고 몰락에 대하여」라는 학위논문이 출간되었다. 브라운은 "야만종족들 사이에" 있는 지식들을 초기 그리스 문화의 지식들과 동질적인 것으로 보는 이론을 전개했다. 야만인들에게서와 마찬가지로 그들의 춤, 음악, 시에서는 종교적 상상과 공동체적 삶의 표현형식이 숨어 있다. 그리고 민족지적 사고의 연장선상에서 영국의 토머스 그레이와 독일의 클롭슈토크는 켈트족과 게르만족이 아직 원시적 상태에 있었을 때 북구 바르덴의 시문학을 감지하고, 그것이 가능한 이상 그것을 모방하려 했다. 근대 서정시는 현대 서정시로 하여금 그 근원을 기억하게 하고 현대시에 다시 문명으로 인해 상실된 과거 제의의 의미를 찾아준다. 운격에서의 응집된 강세와 늘어진 약세는 — 18세기에는 잘 알려지지 않은, 장애가 되는 리듬에서 — 고대 시가 간직한 어조와 의미가 다시 활성화된다. 이렇게 하여 19세기에는 제라르드 메인리 홉킨스Gerard Manley Hopkins가 고대 북구시의 모범에 따라 영국 서정시의 현대화에 기여했다. 그의 시가 보여 주는 "도약 리듬spring rhythm", 두운, 앵글로 색슨 어원에서 나온 한 음절 단어의 강조, 비일상적 메타포를 통한 사물의 이질적 표현("kennigar"에서처럼 고대 아일랜드 문학의 수수께끼 같은 메타포) — 이런 고대

문학요소로의 회귀는 서정시의 언어에 인상적 서정시에는 오래전에 사멸된 마법적 힘을 부여한다.

원시적 시의 복구는 제일 먼저 성가나 인기가요에서와 다름없이 귀에 쏙 들어오고 그에 속하는 단어들을 힘들이지 않고 기억에 각인하는 멜로디를 찾는다. 서정시는 쉽게 세상에서 볼 수 있는 역동적인 예술이다. 그 서정시에서 핀다로스는 조형예술과 비교되는 자신의 시만이 가지는 장점을 인지했다.

> 조용히 기단 위에 그저 서 있는 조상을 만드는
> 나는 조각가가 아니다.
> 모든 화물선 위에, 모든 돛단배 위에 달콤한 노래를 불러오라, 여기
> 아이기나에서 출발해 도처에 그것을 알리리라
> 람폰의 아들, 팔다리 튼튼한 퓌테아스가 […]

음악이 시를 지원하면 시는 메시지를 펼칠 목적을 더 잘 수행할 수 있다. 배의 승무원들과 승객들은 핀다로스 송가와 더불어 네메시스 경기에서 승자를 위한 축제가 열렸던 아이기나의 퓌테아스의 명성을 세상에 널리 퍼뜨릴 것이다. 하지만 람폰의 아들에 대한 당시의 관심이 식어지자 송가의 음악적 부분은 상실되고 만다. 문자로 표현된 것은 그냥 언어만 고정할 수 있었다. 필사본과 나중에 등장한 인쇄, 문헌학적인 판본과 주석은 핀다로스의 작품을 오래도록 보존해서 근세의 시인들이 (비록 노래는 아니지만) 다시 그의 문체처럼 시를 쓸 수 있게 하였다.

고대 그리스 세계가 몰락하면서 그리스 서정시의 대부분은 소실되었다. 우연한 역사적 사건들로 인해 시의 어떤 부분들이 구조의 대열

에 들어설 수 있게 될 뿐이었다. 이미 후기 그리스 문화는 가장 높은 평가를 받았던 초기 그리스 서정시 텍스트를 오랫동안 보존하려고 했다. 알렉산드리아의 도서관은 태고 시대 그리고 고전 그리스 시대 시들의 아카이브를 만들었고 그중 몇몇만 이 도서관의 파괴로부터 살아남을 수 있었다. 고대 로마의 시인들은 그리스 시인들로부터 배웠으므로 이 시인들은 모방 때문에 매개되고 계속 살아남게 되었고 카툴, 호라티우스, 오비디우스, 마르티알의 베낀 작품에 숨겨져 중세와 근세에 이르게 되었다. 불운했던 것은 원래 그리스 서정시가 도리아나 아이올리아 방언으로 쓰여, 말하자면 — 드라마, 철학, 학문과는 달리 — 고대 아티카에서, 그리고 로마제국에서도, 그리스어 수업의 표준 언어가 되지 못했다는 점이다. 그 때문에 그리스 서정시는 수업에서 다루어지지 않았고 학교에서 해야 할 과목도 아니었다. 그리스 서정시의 몇몇 원본은 시학과 수사학에 대한 고전 논문의 인용을 통해서야 후세대에 알려졌고 나머지 대부분은 20세기 초에 와서야 이집트에서 나온 파피루스로 알려졌다. 서정시로부터 가장 멀리 있었던 문자문화의 가르침이 시가 보존되고 수용되는 가장 좋은 수단이 되었다. 르네상스 이후 교육자들과 문헌학자들은 그들에 2,000년 앞서 발생된 시에 대한 지식을 전해 주었다. 이 지식은 언제나 시문학적 창작으로 옮길 수 있었다 — 물론 이를 통해 시가 하나의 문체로만 쓰이는 딜레마가 발생하기도 하여 시의 문체가 모방자 시대의 것이 아니라 원본 시대의 것이 되는 해프닝이 벌어지기도 했다. 글과 인쇄, 학교와 대학은 오늘날까지 개별자의 기억뿐 아니라 집단의 기억이 도서관에만 남아 있던 시대에서 유래한 시의 모습을 가르치기 위해 애쓰고 있다. 오늘날 도서관에서 서정시의 유산은 많아지는 데 반하여 동시대인들의 기억은 적은 숫자의 시를 저장하고 있을 뿐이다.

유럽 서정시의 놀랄 만큼 응집된 전통은 무엇보다 로마 시인의 모범이 보이는 당당한 품위에 근거한다. 그 모범은 다시 그리스 모범에 따라 만들어져 있다. 교육기관의 수업 프로그램이 읽도록 규정한 고전 작가들에 이어 몇몇 자기 나라 형식이 등장했는데, 무엇보다 중세의 궁정서사시와 민요가 그것이다. 이 모두는 근대의 시작기 이후 인쇄되어 후세 사람들이 읽고 시를 짓는 데 이용할 수 있도록 했다. 다만 후세 사람들은 목적에 맞는 시 형식에서 이제 목적에서 해방된 문체를 발견하게 된다. 서정시 문체가 너무도 많이 전승되어 새로운 시대의 시인들은 그것들 중에서 자유롭게 선택할 수 있었다. 많은 시들은 오늘날의 관점으로 보아도 아주 현대적이다. 서정시에서 고대화를 통한 현대화가 이루어진 단적인 예로 우리는 '27세대'의 라파엘 알베르티, 프레데리코 가르시아 로르카, 호르헤 길렌과 다른 스페인 서정시인들이 300년 전에 죽은 공고라를 자신들의 모범으로 선언한 것을 들 수 있다. 근대의 시작과 더불어 모든 이들은 호라티우스 송가든 민속적 마드리갈이든 자기가 원하는 대로 시를 지을 수 있었다. 불과 몇 년 만에 괴테는 아나크레온적 시에서 민요조의 노래로, 그 후에는 핀다로스의 송가로 시 쓰기의 태도를 바꾸었다. 근대시인은 원래 서정시의 언어가 봉사했던 집단에 대한 규범을 큰 의무감 없이 감정이입적 태도로 회상하였다. 목적이 이제 모방이 되었다. 근대시인은 모호한 자유를 향유했는데 그것은 바로 많은 것이 가능하나 아무것도 필연적이지 않다는 점이었다. 이런 결핍을 보완하기 위해 독자와 주석가는 개인적 필연성, 즉 시가 저자의 체험에 환원되는 것이고 그 저자의 감정 상태를 표현한다는 것을 고안해 냈다.

기원, 유실, 보존, 단절, 개혁, 전향이 서정시의 역사에서 혼란스럽게 상호작용한다. 이런 다양하고, 종종 서로 길항하는 경향의 시들을 두고 적당한 개념을 찾는 것은 불가능하지는 않더라도 어려운 일이다. 그것을 지속이랄까, 전통이랄까, 기억이랄까, 회상이랄까? 고대와 현대의 서정시의 맥락을 파악하기엔 아마도 '환생'이란 개념이 가장 적당할 것이다. '환생'은 마치 영들에게 부여된 삶처럼 어떤 삶이 끝난 이후의 삶을 말한다. 이 개념은 서정시의 기원에 어떤 — 생명 같은 — 필연성을 부여하는데, 이는 '환생'에서는 아주 미미한 정도로만 감지된다. 하지만 바로 이 모순 속에 불가능한 것을 가능한 것으로 만드는 현대 서정시의 매력이 들어 있다. 그것은 바로 사라진 (이미 그 이전부터 현실에서는 별 쓸모가 없는) 세계에 몇 줄의 시행 안에서만 머물 수 있는 것을 가능하게 하는 것이다.

15_ 문학

GEISTERSPRACHE - Zweck und Mittel der Lyrik

문자로 기록한 시들은 두 가지 운명을 갖고 있다. 하나는 노래로서 과거 시의 모습이었고 다른 하나는 텍스트로서 현재 시의 모습이다. 라틴어 "리테라투라litteratura"는 모든 기록된 것을 나타내는 말로서 특히나 책에 기록된 지식을 말했다. 이 말은 19세기가 시작되고 나서야 비로소 — 그리고 소급하여 — 예술적인 자질이 있는 작품들에 제한적으로 사용되었다. 인쇄, 서적 거래, 도서관은 특성과 표현상 서로 다른 시문학의 장르들을 같은 것으로 만들어 버렸다. 음송한 서사시, 말로 이야기하는 동화, 행동으로 무대 위에 올리는 드라마, 노래로 부르거나 리듬이 있는 말로 음송한 시 — 이 모든 것들은 외형적인 면에서 서로 구분하지 않고 텍스트적 성격에만 집중한 채 서가에 말없이 꽂혀 있게 되었다. 게다가 처음부터 책으로 출간된 소설들까지 합류하게 되었다. '문학'이란 도서관에 보관된 시문학 텍스트 전체를 가리킨다. 그런데 이런 텍스트들은 그 기원이 아직 도서관이라곤 상상도 못할 시기에 발생된 문학까지 포함하고 있다.

서정시가 문학의 일부분이 되자 문학의 특성들이 서정시에 적응하게 되었다. 그러자 서정시는 어떤 시대든 어떤 장소든 쓰일 수 있게 되었다. 제의적인 일이나 경조사에만 제한적으로 사용되던 서정시의 제한들이 풀리게 되었다. 다양한 동기들, 다양한 목적들, 다양한 표현 방법들이 책에서는 사라졌고 기껏해야 시형식의 차이 정도만이 살아남았다. 문학도서관의 사용자들로부터는 독서 이외에 다른 어떤 반응과 참여도 기대할 수 없게 되었다. 그 옛날 어떤 개인 또는 집단의 표현이었던 시문학을 위해서조차 책은 고독한 독서를 하도록 만든다. 도서관의 물질적인 질서와 지식의 정신적 질서는 수많은 작품들을 장르, 사조, 저자들에 따라 체계적으로 배치하고 분류하도록 한다. 이것은 고대에서부터 근대에 이르기까지 시학과 문헌학의, 현대에는 문예학의 과제가 된다. 그렇게 시를 문학으로 다루는 것은 원래 서정시의 모습에 적절하지 않은 것이다.

시의 종류를 경조사의 상황에 따라 결정하던 현실이 있었던 (또는 적어도 그에 대한 기억이라도 있었던) 때는 통일된 서정시 개념이 있을 수 없었다. 일정한 서정시 개념은 16세기의 이탈리아 시학에서 준비되어 18세기에 와서야 비로소 사용되었다. 모든 시 장르가 독립적이고 특별한 문체에 의해 구분되고 다른 시 종류와 어떤 상위 개념에 같이 소속될 수 없다는 이전의 견해는 고트셰트의 유명한 『비판적 시학 시론Versuch einer Critischen Dichtkunst』(1730~1739)에서도 찾아볼 수 있다. 고트셰트는 공통적 성격은 전혀 인지하지 않은 채 오늘날 서정적이라고 요약할 수 있는 모든 장르들을 자신의 시학 시론에서 여러 장에 걸쳐 논의하고 있다. 거기에 보면 한탄의 노래와 사랑의 시詩인 비가에 대해, 그리고 금언시, 묘비명과 제명(즉 경구시들)에 대해, 모든 종류의 작은 노래들, 마드리갈, 소네트와 론도에 대해, 모든 새로운 종류의 큰 노래들, 링겔오덴, 젝스티넨, 가곡들에 대해, 칸타타, 세레나데와 성가곡 또는 오라토리오에 대해, "모든 종류의 해학시에 대해" 그리고 다른 모든 것들에 대해라고 언급되어 있다. "시Gedicht"라는 용어 또한 19세기까지 서정시를 가리키는 확실한 용어가 아니었다. 그보다 운문으로 쓰인 모든 것을 시라고 불렀다. 빌란트는 그의 운문소설 『무사리온』을 "3권으로 된 시"라고 명명하고 실러조차 『발렌슈타인』을 "드라마적 시"라고 불렀다. 하지만 다양한 목적을 상실하고 지금 모든 것이 그저 종이 위에서만 존재하는 서정적 장르에는 그전에 발견되지 않았던 가족적 유사성이 있다. 그것은 짧은 길이, 운율, 시연, 현재형, 화려하고 이미지로 가득한 언어, 나라고 일컫는 불특정한 주체, 그리고 정확하게 지정할 수 없는 "너/당신"이란 것들이다. 이런 특성들이 어떤 텍스트에 등장한다면 그것은 아는 전문가나 일반인 누구라도 서사적 장르나 드라마적 장르와는 구별되는 이 텍스트를 서정시라 본다. 서정시, 산문, 드라마라는 3분법은 오늘날까지 이어져 오는 문학의 주요 장르다. 서정시의 목적은 정확히 알 수 없게 되었지만 알 수 있는 것은 서정시의 수단들이다.

서정시가 문학의 체계에 편입된다면 그것은 서정시의 실제적 과제가 후퇴하는 대신 심미적인 가치들이 드러나기 때문이다. 서정시는 아무런 이득도 약속할 수 없지만 기쁨은 줄 수 있다. 그것이 무용성에 대한 기쁨이거나 과거 언젠가는 사용했던 것에 대한 상상일 수 있다. 기도나 마법 같은 서정시의 화행에 대해 아는 자는 그런 마법을 시도하려 들지는 않지만 그것을 시도한다면 어떻게 될까 상상할 수는 있다. 하지만 어떤 시의 상황과 화행을 상상하는 것이 항상 쉽지는 않다. 근대의 문학적 기억은 고대에까지 거슬러 올라간다. 그리고 2, 3천 년 전에 생성된 작품들을 보관하고 있다. 오래된 텍스트가 필사와 인쇄를 통해 후세의 독자들의 수중에 들어가면 그 앞의 청중들에게 분명했던 것들이 알 수 없는 것들이 되고 만다(문헌학적 주석들은 그 틈을 메워 준다). 핀다로스의 「올림피아 찬가」 14번은 이렇게 시작한다.

> 케피소스 강을 소유한, 당신들은 들판이었고,
> 아름다운 말들 위에 휘황찬란한 모습으로
> 노래들로 이름 난 여왕들이여 당신들은
> 부유한 오르코메노스의 보호자이자 후견인이여,
> 나의 기도를 들어주소서!

"케피소스", "오르코메노스"란 이름들은 독자에게 낯설다. 독자들은 특이하게도 말들이 풀을 뜯는 곳에 사는 "노래로 이름 난 여왕들"마저도 잘 알 수 없다. 기도의 공식은 언제나 말하는 상황을 분명히 알 수 있게 해야 한다. 부름과 찬양이 이 지역의 신인 미의 여신Charite을 향해 있다. 그러나 다양화된 기록문화의 부분이기도 한 학문적 주석이 있어야 이 송가의 역사적 전제를 동찰할 수 있고 그 말들을 이해할 수 있다. 기원전 488년 올림픽 경기에서 뵈오티아 지방의 오르코메노스에서 온 아소피코스가 소년 달리기에서 승리했다. 늘 관습적으로 그랬듯이 축하행렬(코모스)이 그의 고향 폴리스로 가는 길을 따랐고 시인 스스로도 수행 행렬 중에 있었으며, 그 시인의 고향도 같은 뵈오티아 지방의 테베였다. 젊은 남자들의 합창은 승리의 노래(에피니키온)를 숙달했다. 도시로 들어섰을 때 숭배제전이 거행되는 성지 근처에서 합창이 공연되었다. 송가는 승리를 이끈 지역 신들을 의무적으로 칭송하고 이어서 폴리스의 승자와 그의 가족들을 칭송했다. 승리한 자를 영접할 때 이루어지는 의식 행위에 속했던 시는 오르코메노스 주민들의 기대를 충족시켜야 했다. 이 주민들은 승리 찬가의 콘텍스트에 포함되어 있기 때문에 동기, 장소, 사건, 인물들에 대한 구체적인 내용을 필요로 하지 않았다. 그들은 자기들의 도시가 케피소스 강변에 있다는 것과 미니에르 종족이 그 도시에 살았고 또 그 도시에서는 특히 뮤즈를 보호하는 미의 신들이 숭앙되었다는 것을 알고 있었다. 핀다로스의 송가는 사건, 일자 그리고 장소가 정해져 있었는데 이것은 말하자면 경조사 문학으로서 고대와 근대 문학의 보존체계가 영원성의 가치를 보장한 시를 말한다.

독자가 내용을 잘 파악할 수 있도록 — 핀다로스의 의뢰받은 시와 같다고 할 만큼 — 일회적인 사건에 바쳐졌으나 인쇄되어 계속 전해지기를 바랐던 근대의 시들은 이미 제목을 통해 그 시가 어떻게 발생되었는지를 밝히고 있다. 예를 들면 시몬 다흐Simon Dach의 입택가入宅歌는 「동프로이센 공국과 쾨니히스베르크 선제후 저택으로 들어가는 프로이센 선제후 프리드리히 빌헬름 폐하의 장중하고 즐거운 입택을 경축함. 1641년」이라든가, 아니면 뫼리케Eduard Mörike의 칸타타 「1839년 5월 8일 슈투트가르트에서 거행되었던 실러 동상 제막식에 바쳐진 시」 같은 것을 들 수 있다. 시인이 자기 시를 동시대인들에게 알리고 다음 세대까지 살아남기를 의도하는 한, 어떤 사건이든 문학이 따른다. 이 의뢰받은 작품들이 단 한 번만 말해지는 것이 아니라 그 후에도 원할 때마다 자주 읽히기 때문에 제목은 산문으로 시문학에 대한 역사적 주석을 단다.

근대시에서는 사람 이름과 장소 이름이 — 다흐의 경우 프리드리히 빌헬름과 쾨니히스베르크, 뫼리케의 경우 실러와 슈투트가르트 — 아주 근소하게나마 대부분 어떤 축제의 동기가 된 예외적인 경우에 속한다. 이것이 쓰인다 해도 텍스트 안에서보다 제목에 등장하는 경우가 더 많다. 그리스의 상황과 결부된 서정시는 친구와 적들을, 춤꾼과 학생들의 이름을 스스럼없이 언급한다. 이런 이름들은 시를 처음 듣는 공동체에 알려져 있다. 사람들이 그 이름을 몇 년이 지난 후 다른 장소에서 알게 될지 않을지 시인은 신경 쓰지 않는다. 그 이유는 축제의 성공과 그에 대한 집단적 기억이 그것이 기록되어 살아남는 불확실한 미래보다 더 중요했기 때문이다. 그러나 인쇄의 시대에 시인은 처음부터 자기 시의 유통에 더 신경 쓰기 때문에 시의 내용을 알지 못하는 독자가 이해하는 데 어려움을 겪지 않도록 장소, 사람, 상황에 관한 내용들은 피한다. 소설과 드라마와는 달리 시에서는 시간, 개인적인 특성을 가진 청자 또는 독자를 알리거나 이것들에 대해 상술한 경우가 없다. 시가 멀리 떨어져 있는 독자들에게 도달하려면 주제와 표현이 가능한 한 보편적이어야 한다. 그래야 누구나가 그 시를 자기가 상상하는 이미지로 채울 수 있다. 무엇보다 사랑하는 사람의 이름도 사랑받는 사람의 이름도 밝히지 않는 연애시는 서정시의 공식에 딱 어울린다. 말하자면 누구나의 감정에도 붙일 수 있는 공식이 된다. 사랑에 빠진 시인의 표현 충동보다는 문자 문화의 소통조건이 연애시가 사랑받는 데 훨씬 더 큰 영향을 미친다. 많은 사람들이 사랑에 빠져 보았고 어떤 사람은 현재에도 사랑에 빠져 있기 때문에 사랑을 다룬 시는 사람들에게 언제나 환영을 받는다.

> 내 그대의 눈동자를 바라보노라면
> 번뇌도 고통도 다 사라지고

그대에게 입맞춤을 하면
마음은 분명하게 맑아진다네

하이네의 이 시 연에 있는 "나"의 자리에 자신을 두고 이름 없는 너를 자기가 원하는 사람으로 채우는 것이 어려운 일인가? 하지만 사포의 아낙토리아 아나크레온의 클레오 불로스, 알크만의 하게시코라라는 개별적인 이름들은 독자에게 감정이입과 마음속의 즐거움을 사멸시키고 말 것이다.

그러나 텍스트 밖에 있는 이름은 서정시의 역사에서 더 중요한 의미를 가지게 되는데 그것은 바로 저자의 이름이다. 고대의 시들은 무명으로 전승되었다. 이 시를 고하는 자가 밝혀졌다면 신적인 언어화행으로서의 시의 가치는 줄어든다. 비록 초기 그리스 시들에는 이미 시인의 이름들이 언급되는데, 이 경우 시인은 공동체의 의중이 영향을 미친 공동체의 주문자인 경우가 대부분이었다. 근대에 와서야 비로소 시인은 자기 시의 고유한 창조자로 인정받는데, 그 때문에 시를 쓸 때마다 시인의 이름이 기입된다. 저작권이라는 법적인 표현을 쓰는 문학이라는 책 내에서는 주인 없는 시란 없다. 텍스트와 저자가 이런 엄격한 질서에서 텍스트에 있는 대명사 '나'를 실제적인 저자 개인과 동일시하려는 경향이 생겨나기 시작한다. 이미 괴테의 경우 요한 하인리히 포스가 쓴 그에 대한 서평 「송가와 비가Oden und Elegien」에서 이것을 발생 순서에 따라 정리한 것에서 드러난다. "여러 시인들의 마음에 들게 장르를 정리하여" 서정적 고찰에서 "시인의 삶, 본질, 과정", 즉 그의 내적인 삶을 눈에 보이게 제시했다. 더 이상 공동체의 주문을 실행하지 않는 시들은 시인의 이름으로 한 권의 책에 통일된다.

시들로 묶어진 시집은 스스로의 존재가 독특하게 보일 여러 책들

중의 한 책이 된다. 이미 고대와 중세에 시인들 사이에 경쟁이 있었다. 서정 시인들도 궁중에서나 도시에서 시를 썼을 때 다른 시인들이 뭘 하나 관심을 두면서 시를 썼다. 경연競演은 가인歌人 전쟁으로 승화되어 경쟁상대에 대한 조롱 자체가 시의 대상이 되기도 했다. 고대나 중세의 시에서 시인들 개인적인 삶에서 생겨난, 나아가 청자와 후원자의 사랑을 받기 위해 생겨난 직접적 공격은 근대의 서적시장에서 독창성이라는 가치에 자리를 내준다. 새로운 것으로 살아가는 출판제도는 서정시 같은 그런 고대적이고 보수적인 장르조차 꾸준한 개혁으로 몰고 갔다. 현대 독자는 새로운 시가 나와서 독자가 꿈꾸지도 못한 새로운 것을 만들기를 기대한다. 그 때문에 시가 규칙을 지키기보다는 파괴함으로써 오히려 성공을 거둔다. 서정시는 그런 개혁을 위해 지금까지 전승된 관습들을 밀어냄으로써 어쩔 수 없이 새롭게 된다.

현대 서정시는 관습을 지키지 않기 때문에 이해하기 어렵다. 그에 반해 고대 서정시는 그 역사적 환경이 낯설게 되었기에 이해하기 쉽지 않다. 서정시의 이런 부족함을 줄이기 위해 이해하기 어렵거나 불가능한 것을 이해할 수 있게 할 해석자가 필요하게 되었다. 횔덜린의 시 「하르트의 모퉁이Der Winkel von Hardt」가 뷔르템베르크의 공작 울리히가 도망갈 때 바위 사이에 숨었다는 전설에서 나온 것이라는 걸 아는 독자도 "아래에서 땅이,/ 말없이[미숙하게]unmündig 꽃피는 것이 아니다"라는 수수께끼를 풀 수 없을 것이다. 이런 당황스러움을 그의 시집 편자인 요헨 스미트의 주석이 해결해 준다. 공작 울리히가 도망간 아이히탈의 "땅은 미숙하지" 않다. 다시 말하면 그 땅은 이 운명에 대해 말할 수 있다 — '미숙한'이란 단어는 여기서 실제적인 어원학과는 달리 "입Mund"에서 나온 말이다. 계곡이 역사적 사건을 기억한다고 해도 이상하게 들리지만, 이제 횔덜린의 이상한 단어들이 주석가의 도움으로 신화와 비슷한 상상과 연결된다. 자연현상은 신들에 의해 활성화되고 그로 인해 인간적이고, 더불어 신적인 능력까지 가질 수 있다. 그래서 수백 년이 지난 기억을 되살릴 수 있다. 비의적 시에서는 어려운 단어들이 주목을 끈다. 만약 이해를 구하는 독자가 비밀을 알기 위해 텍스트의 흩어진 의미를 찾는다면 시의 리듬과 음향은 인지되지 않을 것이다.

우리가 부르고 듣는 노래들은 어떤 학문적 주석도 필요로 하지 않는다. 잘 모르는, 어려운 부분을 사람들은 노래로 부르거나 들을 때 그냥 스쳐 지나간다. 시행을 큰소리로, 정확한 발음으로 노래할 만한 노력에 빠져 음유 가인이나 시 낭송자는 개개 단어의 자구에 신경 쓰기보다는 텍스트 자체의 의미에 신경을 쓴다. 시구의 운율과 음향은 음절로 체현되지 단어로 체현되는 것이 아니다. 그러나 묵독하는 독자는 리듬과 음향의 진전으로 만들어지는 역동적인 운동보다는 글자 모양으로 표현된 텍스트의 공간적 구조를 더 잘 파악한다. 묵독에서야 처음으로 단어 한 자 한 자의 어려움에 대한 성찰이 시작된다. 시가 인쇄되어 있는 경우, 많은 독자는 같은 텍스트를 다시 읽을 수 있다. 이들은 다양한 해석에 이르는데 이때 때로는 근거를 말해야 하고 정당하게 대답을 해야 한다. 그 때문에 천천히 이루어지는 "정독close reading"은 독자의 미덕, 그리고 문학가의 전문적인 자질로 꼽힌다. 학교나 대학의 강의실에서 서정시는 해석한 산문에 둘러싸여 있다. 이런 산문적 해석 방법은 처음부터 시가 제의적으로 사용되었고 신화적으로 믿어졌다는 사실을 제거한다. 그 외에도 시의 이해를 위한 교육당국의 결정은 배경에 깔린 시의 음악적 요소를 무시하고 그것을 오로지 '형식'이라는 개념으로 환원한다. 그 형식에 텍스트에는 없는 의미를 확인할 수 있는 기능이 있다고 보는 것이 현실이다. 현대 서정시의 대부분은 운율과 압운을 포기한다. 그래서 생각에 빠진 독자를 위한 시의 사상적 내용은 청자의 귀를 사로잡는 음악적 요소가 감소하는 만큼이나 더 크게 강조된다.

문학은 틈을 내어 몇 시간 동안 자신의 생업을 제쳐 두는 독자를 기다리는 책 속에서 구체화된다. 서정시가 문학이 되면 과거에 서로 관련을 맺었던 삶의 현실은 상실되고 독자와 텍스트를 위한 자유와 독립성은 얻게 된다. 봉사에서 해방된 시가 자기 목적, 즉 언제나 원하는 만큼 반복할 수 있는 심미적인 사건이 된다. 이렇게 하여 우선 문학의 체계에서 제외되었던 서정시가 결국 문학의 이상理想이 되었다. 시는 문학의 다른 어떤 장르보다 아름답고, 모든 산문적 현실에서 등을 돌린 채 그 내부에 완전한 형상을 묘사하고 있다. 그 때문에 서정시를 쓰는 것은 사회적 자기찬양으로 이어질 수 있다. 시의 애독자들은 일상의 산문을 넘고 소설 독서를 넘어 숭고한 영역에 있는 것처럼 보인다(사회적 특권을 만든다는 의심 때문에 지난 수십 년간 특히 엘리트적 태도를 없애려는 의도를 가지고 있던 독일에서는 서정시에 대한 관심이 줄어들었다).

산문과의 거리감에서 서정시는 그 페이소스를 얻었고 또 지금도 종종 얻고 있다. 말라르메는 산문에 있는 글자체와는 다른 글자체로 서정시가 인쇄되어야 한다고 주장했다. 19세기 말 이후로 시인, 인쇄공, 출판자는 독일에서 특히 눈에 띄게 슈테판 게오르게와 멜히오르 레히터Melchior Lechter가 서정시 텍스트의 더 고귀한 모양을 위해 애를 썼다. 큰 활자, 고대적인 또는 고유하게 만든 활자체, 비싼 종이, 빈 공간을 그냥 두는 것은 서로 비슷하게 인쇄되는 시대에 책을 읽기 앞서 독자에게 시의 고귀한 위상을 보여주기 위함이다. 이렇게 하여 지금까지 전승된 서정시의 리듬과 멜로디에 따른 음향적 독특함에 대한 시각적 대체물이 발생한 것이다. 서정시가 살아남기 위해 문학으로 변신해야 했다면 동시에 서정시는 문학 내적 반대를 기대한다고 할 수 있다. 비록 근대에 일반적이었던 인쇄된 시를 읽는 것이 시인이 자신의 시를 구상하고, 적고, 인쇄하도록 자극했지만, 시인은 낭송할 때 시의 본질이 드러난다는, 동시에 인쇄된 형상이 일시적이고 불완전하다는 생각으로 기울게 되었다. 시는 시가 안전하게 보존된 책에서 다시 도망치려고 한다. 개개의 시는 시집에서 빠져나와 독자의 기억 속으로, 즉 앤솔로지와 낭송 또는 노래로 넘어가고자 한다.

근대 서정시가 아주 드물게 축제, 공동체, 제의, 마법, 신들과의 소통을 위한 것이기는 하나 어떤 일상적인 존재가 가지는 축제 분위기, 용기, 내적인 고백과 홍얼거림, 경계 넘기와 확장은 완전히 달라진 조건하에서 고대 시의 목적을 보여 준다. 일시적인 예외상황이 지속되는 동안 고독한 독자에게 어떤 다른 세계가 희미하게 떠오른다. 현대 감정 세계의 창고에서 과거 제의적 실천이 상상을 통해 되돌아온다. 이런 서정시의 근원과 목적에 대한 불특정의 회상을 서정시 애호가들 중 열정적인 사람들이 서정시와 서정시의 저자에 대한 폭넓고 어렴풋한 변용變容으로 바꾼다. 프랑스 서정시인 르네 샤르는 이렇게 믿고 있다. "신은 가질 수 없는 현실의 부활을 위한 말인 동시에 우리의 요구로 꽉 찬 존재의 언어 없는 도전이다. 썩어 없어지지 않는." 근대 그리스 서정시인 오디세아스 엘뤼티스Odysseas Elytis는 그의 노벨 문학상 연설에서 신비한 발견에 대해 언급했다. "우주에는 수많은 비밀스런 기호의 씨가 뿌려졌다. 이 기호는 알려지지 않은 언어의 음절처럼 단어들을 형성하고 이 단어들로 문장을 만들어 그 문장의 해독이 우리를 깊은 진리로 이끌게 된다." 불가한 소원이 이루어질지 걱정하지 않고 말하는 것이 시에서 허용되는 것은 큰소리로, 어떤 현실감에도 매이지 않는 축사 속에 보이는 감탄을 지속시킨다. 그래서 감동받은 관객은 서정시인의 특수한 위치를 확신하게 된다. 샤르와 엘뤼티스가 경험했다고 하는 세상이 있다고 한다면 이제 문학의 계몽된 시대는 끝났고 언젠가 무당들만 이해했던 어떤 신들의 제국이 도래하여 언어를 이해하게 될 것이다.

16_ 목적과 수단 없이

GEISTERSPRACHE - Zweck und Mittel der Lyrik

실비아 플래스Sylvia Plath가 1962년에 쓴 「에어리얼Ariel」이란 시가 있다. 앞의 3연은 이렇게 시작된다.

Stasis in darkness.
Then the substanceless blue
Pour of tor and distances.

God's lioness,
How one we grow,
Pivot of heels and knees! — The furrow

Splits and passes, sister to
The brown arc
Of the neck I cannot catch,

(어둠 속의 정지,/ 다음엔 바위산과 먼 곳의/ 몸체 없는 푸른 쏟아짐.

신의 암사자/ 어떻게 우리는 하나로 되나,/ 팔꿈치와 무릎의 축으로! — 고랑이

갈라지고 스쳐 흘러간다, 내가/ 잡을 수 없는/ 목의 갈색 호弧의 자매로서)

이 텍스트는 과거의 시가 가지고 있었던 여러 특징들이 없는데도 불구하고 시로 보인다. 비록 운격이 시의 길이를 규정하지 않고, 몇 개의 단어가 온 후에 갑작스럽고 예견치 못한 단절이 있으며 대문자로 시작되지만, 그래도 이 텍스트는 시행과 연으로 되어 있다. 시행은 하나의 형식을 따르고 있는 것같이 보이지만 실제로는 그렇지 않다. 이 시행들은 운율이나 압운 체계로 연들을 연결하진 않으나 외형적으로는 3운구법으로 연을 구성하고 있다. 적은 수의 유음類音으로 운율의 흔적을 찾으려 해 보지만(darkness - substanceless - lioness, grow - furrow, heels - knees) 우리는 곧 포기하게 된다. 서정시의 고유한 형식 중의 하나는 글자배열인데, 여기서 그 배열은 리듬과 음향으로 형성된 것이 아니라 특별한 이유 없이 오로지 텍스트의 문장들을 이런 식으로 배열한 시인의 의지로 만들어져 있다. 이 시를 독자에게 받아 써 보라고 불러 준다면 독자는 이 행들을 완전히 다르게 배열하거나

산문처럼 중간의 휴지부 없이 쓸 것이다.

독자가 「에어리얼」을 시행과 시연의 구분으로 인한 단절 때문에 산문 텍스트보다 더 천천히 읽는 것만은 아니다. 또한 이 시는 문장들의 불분명함과 불완전함으로 인해 파악하는 속도를 더디게 하고, 나아가 마치 예전에 고전적 시가 낭송되거나 노래로 불리는 듯한 느낌을 준다. 의미를 생각해 보는 독자는 곧장 이 시가 자기가 읽을 시가 아니라는 인상을 받는다. 이유는 시에 녹아 있는 시인만의 개별적 언어를 잘 이해할 수 없기 때문이다. 이미지의 단편斷片들을 떠올리는 비밀스런 단어 연결들은 아무 의미를 희생하지 않고도 독자를 주목하게 한다. 이렇게 현대시는 서정시가 과거에 봉사했던 집단에서 벗어날 뿐만 아니라 개인에게, 이해하려고 노력하는 독자에게 접근조차 하지 않는다.

서정시 형식의 아이러니한 사용과 시어의 파괴적인 사용에도 불구하고 실비아 플래스의 시는 서정시 전통이 지니는 몇 가지 요소들을 보존하고 있다. 일반적으로 시에 대해 사람들이 잘 알고 있는 것이기도 하지만 "우리we"와 "나I"는 지금, 현재 말하고 있는 자아를 말한다. 그런데 이 시에서는 전통적인 부름이 배제되어 있지 않다. "신의 암사자"라고 하지만 이는 물론 신화에서 나온 형상은 아니다. 현대시가 이렇게 독자를 당황스럽게 하자 독자는 암호처럼 박힌 텍스트를 해석할 키워드를 찾는 데 주력한다. 이 점에 있어서 제목은 교양 있는 사람이라면 알 수 있는 어떤 암시를 한다. 에어리얼은 셰익스피어의 『폭풍The Tempest』에 나오는 공기의 정령(혼)인 "an airy spirit"을 말한다. 강력한 마법사 프로스페로의 사자使者인 에어리얼이 시의 구체화로 등장하는 것이 처음은 아니다. T. S. 엘리엇도 Ariel Poems에어리얼 시집를 냈다. 플래스의 시 「에어리얼」이 탄생하기 몇년 전에 마찬가지로 3운구법으로 쓴 월러스 스티븐스의 시 「책상 위의 행성The Planet on the Table」에서 에어리얼은 시인의 다른 이름으로 등장한다. "에어리얼은 자신의 시를 쓴 것이 기뻤다." 공기와 같은 신들의 서정적 언어에 대한 회상으로, 그리고 현재의 기술적 언어에 대한 적응으로 하랄트 하르퉁은 그의 앤솔러지 『세계의 시 1940-1990』에 항공화물(공중에서 온 상자란 뜻을 함의: 옮긴이 주)이란 제목을 붙인다. 플래스는 그녀의 마지막 시선집에도 개별 시 「에어리얼」이라는 이름을 붙이려고 미리 계획을 했다. 그 때문에 문학적 지식들을 동원하여, 시에서 신들의 언어로 서술한, 그 때문에 불분명한 시인의 부름은 시인의 혼 에어리얼을 부르는 것이라 추측할 수 있다. 그렇다면 이 시도 서정적 부름의 전통에 서 있는 것이라 할 수 있고, 그 전통이 전혀 알지 못했던 기이한 어휘들을 사용했을 것이라 볼 수 있다. 하지만 그러한 불분명함조차도, 이해하지 못할 상황을 향한 서정시의 독특한 성격인 '다른 언어'의 고양으로 해석하게 한다. 현대시는 시작의 방법상, 그리고 시인의 특성상, 항상 새롭고 대부분 불분명한 이미지들을 말한다. 그 이유는 그렇게 하지 않으면 세계에서 말할 수 있는 것과 전달할 것이 너무 적기 때문이다.

두 번째의 전설 같은 이름이 시에 등장한다. 그것은 첫 번째 등장한 이름과는 어울리지 않는 이름인 "하얀 고디바white Godiva"이다. 이 여인은 11세기 영국 코벤트리 영주의 아내(고디바 부인: 옮긴이 주)로서, 만약 알몸으로 백마를 타고 거리를 다니면 주민에게 무겁게 부과된 세금을 면제해 주겠다는 남편의 약속을 믿고 그것을 실행으로 옮긴 사람이다. 이런 역사적 소재는 에어리얼이라는 이름을 더 간단히 설명할 시인의 실제적 삶과 관련을 맺는다. 에어리얼은 미국의 시인인 실비아 플래스가 영국의 다트모어에서 실제로 탄 적이 있는 말의 이름이다. 이 사실을 아는 사람은 시를 다르게 이해하고 더 쉽게 이해할 것이다. 그러면 이 시는 승마의 행복감과 "발꿈치와 무릎으로 느끼는" 말과 말을 타는 사람의 일체감을 말하고, 땅에 있는 고랑을 말하고, 말의 갈색 목에 대해 말하고 있다. 하지만 시인 플래스의 삶을 작은 것 하나까지 살펴보지 않은 사람이 어찌 이것을 알 수 있는가? 시의 후반부에 등장하는 "자멸하는suicidal"이라는 단어도 마찬가지다. 일 년 후에 일어난 시인의 자살과 연관시키려는 자에게는 그 단어의 개별적 진지함이 다가올 것이다. 그러면 이제 부름의 주소가 다시 의문시된다. "신의 암사자God's lioness"는 어떤 비밀스런 신화적 형상을 표현하지 않는다. 그것은 기껏 말을 표현하는 멋있는 이름이거나, 신적인 말에 암사자처럼 매달려 있는 말을 타는 여자에 대한 기상奇想, kühne Metapher 정도일 것이다. 시인의 실제 삶에 준한 해석을 통해서 셰익스피어의 에어리얼과의 연관성이 부정된 것은 아니지만 오히려 복잡해졌다. 다트모어에 있는 말이 그의 귀한 이름을 얻었을 때 분명 자기 앞의 유명한 문학적 선임자들에 대한 회상이 영향을 미쳤을 것이다. 말의 질주와 가벼운 발걸음은 셰익스피어가 말한 공기 혼의 특성들로 볼 수 있다. 플래스의 시에서도 하나의 에어리얼이 다른 에어리얼 속에서 드러난다. 말 위에서의 승마는 셰익스피어가 "공기 혼"이라는 이미지로 파악했던, 일상적인 삶에서의 해방이라는 문학적 이념을 감성적으로 경험하게 한다. 에어리얼이라는 말馬은 날개 달린 페가수스와 비슷하여 그 위에서 시적 환상이 공기와 같은 환상을 만들 수 있다. 신화적 페가수스, 셰익스피어의 공기 혼 에어리얼, 같은 이름의 영국 다트모어의 말, 그리고 그 말을 탄 시인, 같은 이름의 시 에어리얼, 그리고 그것을 쓴 시인 — 이 모든 것을 해방에 대한 소원이 연합한다. 땅으로부터의 해방, 일로부터의 해방, 일상적 환경으로부터의 해방, 잘 아는 그리고 이해할 수 있는 말로부터의 해방,

그리고 서정시의 관습으로부터의 해방. 이런 목적으로부터의 해방이 근대에 와서 서정시의 궁극적 목적이 되었다.

현대시의 해석에는 많은 노력이 필요하지만 그 해석의 결과는 대부분 의문시된다. 형식적인 특징, 무엇보다 운율과 음향이 시의 독특한 매력과 의미를 생성했던 전통적인 서정시를 이해하는 것과는 다른 해석의 시도들과 직면해 결국 소리는 중요한 것이 아님을 알게 된다. 하지만 플래스의 「에어리얼」은 리듬과 음향으로 구분했지만 의미 없는 3운구법의 형식이 해석에 아무런 도움이 되지 못한다. 오히려 시행 사이의 수많은 단절은 시의 통사적 연관을 방해함으로 인해 그 형식이 시를 더 어렵게 만든다. 그러므로 현대시는 리듬과 선율이 아니라 단어들이(말하자면 청자가 아니라 독자를 위해 만들어졌다) 중심을 이룬다고 할 수 있다. 리듬과 선율이 영향은 미치지만 의미가 없는 데 비해 단어들은 항상 의미를 방출한다. 이러한 의미가 현대시에서 분명하지는 않지만 자주 존재하므로, 불안한 독자는 항상 외부 세계에 대한 익숙한, 하지만 큰 성과를 거둘 수 없는 연관들과 다른 단어들에 대한, 익숙하지는 않지만 근접한 연관들 사이를 오락가락하며 그 의미를 찾아 나선다. 모든 현대시에 고유하게 사용된 단어들 중 어떤 것도 하나의 의미를 띠지 않는다. 그 이유는 누구도 시인이 자기 어휘를 고정된 의미로 사용한다고 보지 않기 때문이다. 아방가르드의 서정시는 "자유시가 있은 다음 자유로운 단어가!parole in libertà"라는 마리네티의 요구를 따르고 있다. 가장 자유로운 것은 단어가 난센스가 되는 것이다 — 이것을 받아들인 것이 다다이즘의 탄생이다.

고대 서정시가 사용하였듯이, 신들의 언어가 지니는 목적, 수신자, 형식과 공식은 그것이 일상적인 소통과 실천의 경계를 넘어서긴 하지만 집단에 공히 알려져 있었다. 하지만 현대시에 있어서는 집단적으로 인정되고 이해되는 언어의 자리에 개인 언어가 들어섰다. 이 언어는 그것이 성공했든 실패했든 이 텍스트에서 저 텍스트로 바뀌면서 새로이 배워야 할 언어가 되었다. 시는 근대에 와서 아주 주관적이 되었는데, 이는 나중에 소급하여 시의 일반적 특성으로 인정받게 되었다. 전통적인 서정시에서는 개개 시인과는 별개로 그 시인이 선택한, 아니면 그 청중들이 원한 장르가 이미 시의 테마, 길이, 시연 형식, 운율, 문체와 특성에 대해 결정을 내리고 있다. 이런 제한점 안에서만 전통적 서정시인은 그 자신이 보여 준 기예의 개별적 장점들을 보여 줄 수 있었다. 근대의 시인들이 처음으로 제한받지 않고 자기 시의 주인이 될 수 있었다. 근대의 시인은 집단에 봉사하는 것도, 거기로부터 주문을 받은 것도 아니며 어떤 시 장르의 스키마도, 그 장르의 개별적 요소들도 받아들이지 않았다. 이제 시인만이 시의 중심에 서게 되었으므로 독자는 이 중심을 규정하고 말의 흐름을 파악하기가 어려워졌다. 시인은 방향을 찾았으나 독자는 마치 열쇠로 잠가 버린 일기장을 갖고 있기라도 한 듯 방향을 잃게 되었다. 시인이 개인적인, 단지 그 자신에게만 알려진 자료와 암시들을 자기 시 텍스트에 옮겨 놓는 동안, 고대적 신들의 언어와 상응하는 일을 하고 있는 셈이다. 그것은 자신만이 알고 있는, 다른 이에게는 감춰진 수신자와의 비밀에 싸인 소통이다. 이 수신자는 그 어느 누구도 아닌 바로 시인 자신이다. 신들이 사라진 세계에서 피안의 신들의 마지막 대리자인 그는 시에서 독백을 하고 있다. 그 장소에 배제된 청중은 그 소리를 경건한 마음으로 귀 기울여 듣고 있다.

사람들은 어쨌든 운율, 압운, 시연과 같은 그런 식의 자의적 요구들을 충족하는 문학적 언어가 있다는 사실을 이상하게 생각할지도 모른다(그런 요구들이 신들의 언어의 요소들로 인지되고 인정되지 않는

한 자의적으로 보일 것임에 틀림없다). 하지만 20세기의 문턱까지 어느 누구도 그것이 수천 년간 이어져 온 관습이었다는 것을 의심하지 않았다. 이 오랫동안 억압된 질문에 아방가르드들이 한 대답은 그들의 텍스트에서 찾을 수 있다. 그들은 규칙적인 리듬과 음향이 없는, 말하자면 옛날부터 전해 온 수단, 그 기원, 의미와 목적을 설명할 수 없는 서정시를 생산하는 것이 가능하다고 보았다. 아방가르드의 서정시가 율격을 맞추지 않고 그들의 "자유libertà"를 보여 주려고 하자 자의적으로 행의 끝에 있어야 할 시의 경계를 필연적인 것으로 명시해야 하는 어려움이 발생하였다. 이 경계는 필연적인 것이다. 왜냐하면 이것이 산문과 다른 중요한 특성으로 인식하고 동시에 서정시라는 것을 — 말하자면 위대한 전통에 속한다는 것을 — 선언할 수 있는 것이기 때문이다. 플래스의 「에어리얼」에서 볼 수 있는 유사 3운구법은 단테 이후에 만들어진 시연형식과, 형식을 스스로 규정하고 시행을 자기가 선호하는 대로 배열하려는 현대 시인들의 자유 사이에서 발생한 아이러니한 타협이다. 윌리엄 카를로스 윌리엄스는 자기 확신에 찬 채 동시에 당혹스럽게 자기가 쓴 운율 규칙을 따르지 않는 시의 상황을 이렇게 정당화한다. "리듬의 단위는 내 서정시의 형식을 결정한다. 내가 리듬의 단위 끝부분에 도달하자마자 — 그것은 문장이 아닐 수도 있다 — 나는 시행을 끝내 버렸다. […] 리듬의 단위는 내게 그냥 서정적 압박에서 갑작스럽게 주어진다. 그 예로서 그는 자신의 시를 제시한다.

Love without shadows stirs now
beginning to waken
as night
advances.

(그늘 없는 사랑이 이제/ 밤이 깊어감에 따라/ 꿈틀거리며/ 눈뜨기 시작한다.)

이 소위 말하는 "리듬의 단위들은" 압운이나 운율 어디에도 근거하지 않는다. 시인은 아마도 "서정적 압박"을 감지했을지 모르지만 독자는 그것을 감지하지 못하고 그저 따로 떨어진 배열된 활자만 볼 뿐이다. 그러나 윌리엄스의 단어들 사이에 있는 다른 — 또는 없는 — 경계 또한 그만큼 설득력 있는 것인지도 모른다. "서정적 압박"을 토대로 아직도 영감에 대한 믿음이 지속된다. 이런 영감으로부터 기이한 느낌을 주는, 일견 무질서하게 보이는 언어 양식이 나온다면 독자는 시인의 말더듬 속에서 더 높은 존재인 신들의 작용을 감지할 것이다. 이 작용은 어떤 경우에도 인간의 일상어가 가지는 문법적 · 의미론적 규칙들을 지키지 않는다. 서정적 말더듬은, 그것이 모든 운문의 관습을 훼손하더라도, 산문이 아니라, 시인에게 있는 — 이것은 클롭슈토크 이후 자유시에 적용되는데 — 정신적인 또는 혼과 같은 힘의 표현이다.

현대시의 자유가 처한 유일한 제한은 현대시가 계속 서정시로 쓰이고 출판되고 인정되고 읽히기를 바란다는 데 있다. 현대 서정시는 그것 이상의 목적을 세우지 않는다. 오든W. H. Auden(1907~1973)은 「예이츠를 추모하며In Memory of W. B. Yeats」라는 시에서 "왜냐하면 시는 사건을 발생시킬 수 없는 것: 그것은/ 말의 계곡에서 살아남아"(For poetry makes nothing happen: it survives/ in the valley of its saying)라고 확언하고 있다. 현대시는 서정적 언어 행위로 '사건을 발생시킬' 목적을 더 이상 믿지 않는다. 하지만 고대에 설정되었던 과제를 회상하고 그 과제를 구체적으로 이미 지나간 선입견으로 거부하고 만다. 그럼에도 불구하고 "살아남기" 위해 현대 서정시는 자율성을 요구한다. 말하자면 현대 서정시는 외부적인 목적들로부터 해방되었지만 시구로 텍스트를 만드는 데만 제한한다. "예술은 수단을 변화시켜 그것을 다시 목적이 되게 한다" — 발레리의 이 문장은 모든 시대의 예술에 해당하는 말이 아니라 현대 예술에 해당하는 말이다. 현대 서정시의 수단들이 — 외부적 목적이 결여되었으므로 — 더 이상 수단이 아니라 내적인 자기 목적이므로 그 시의 옛 과제들로부터 해방된 시는 실제적으로 자율적이고 절대적인 순수 예술poésie pure이라고 할 수 있다. 셰익스피어의 『폭풍』의 끝 부분에서 프로스페로가 그의 마술을 포기하고 그의 하인인 정령 에어리얼을 해방시켜 준다. 그러자 에어리얼은 노래를 하는데, 그 노래가 더 이상 의무를 따를 필요 없게 되어 자신에게 다가오게 될 즐거운 삶을 노래한다.

> Merrily, merrily shall I live now
> Under the blossom that hangs on the bough.
> (명랑하게, 명랑하게 이제 나는 살아가리라
> 가지에 매달린 꽃송이 밑에서.)

에어리얼은 자유롭게, 자신만을 위해 순수한 시가 된다. 서정시의 과제는 끝이 났고, 시는 계속 살아간다.

부기

GEISTERSPRACHE - Zweck und Mittel der Lyrik

나는 이 책의 사전 작업을 *Poetica*라는 학술지에 다음과 같은 논문으로 게재하였다: "Die Aneignung von Gedichten시들의 수용"(1995), "Orientierung in Gedichten시의 방향설정"(2004), "Sprechakte der Lyrik서정시의 화행"(2008). 그리고 나는 이미 1993년도에 불문학자 게르하르트 슈뢰더가 한 강연 〈서정시의 호격der lyrische Vokativ〉에서 이 책에 대한 자극을 받았다. 아래의 문헌은 내가 기초적인 인식을 얻은 책들이다. 독자들도 이 책들을 통해 더 많은 생각을 얻기 바란다.

Jan Assmann: Ägyptische Hymnen und Gebete (1975), 2. Aufl. Fribourg/Göttingen, 1999.

Karl Bücher: Arbeit und Rhythmus (1896), 6. Aufl., Leipzig, 1924.

Walter Burkert: Griechische Religion, Stuttgart u. a. 1977.

Jean Cohen: Structure du langage poétique (1966), Neuausgabe, Paris, 2009.

Jonathan Culler: The Pursuit of Signs (1981), Neuausgabe, London u. a., 2008.

Terry Eagleton: How to Read a Poem (2007), Neuausgabe, Malden (Mass.), 2008.

Friedrich Heiler: Das Gebet (1918), 6. Aufl., München, 1969.

Chaviva Hošek/Patricia Parker (Hrsg.): Lyric Poetry Beyond, New Criticism

(1985), 2. Aufl., Ithaca/London, 1999.

Wolfgang Kayser: Kleine deutsche Versschule (1946), 27. Aufl., Tübingen/ Basel, 2002.

Ernst Klusen: Singen, Regensburg, 1989.

Otto Knörrich: Lexikon lyrischer Formen (1992), 2. Aufl.,Stuttgart, 2005.

Christoph Küper: Sprache und Metrum, Tübingen, 1988.

Jurij M. Lotman: Die Struktur literarischer Texte (1970), 4. Aufl., München, 1993.

Karl Pestalozzi: Die Entstehung des lyrischen Ich, Berlin, 1970.

Wolfgang Rösler: Dichter und Gruppe, München, 1980.

Heinrich W. Schwab: Sangbarkeit, Popularität und Kunstlied, Regensburg, 1965.

Wolf-Dieter Stempel (Hrsg.): Texte der russischen Formalisten, Bd. 2, München, 1972.

Jurij N. Tynjanov: Das Problem der Verssprache (1924), München, 1977.

Christian Wagenknecht: Deutsche Metrik (1981), 5. Aufl., München, 2007.

Rainer Warning/Winfried Wehle (Hrsg.): Lyrik und Malerei der Avantgarde, München, 1982.

Heinz Werner: Die Ursprünge der Lyrik (1924), Nachdruck, New York/ London, 1971.

Walter Wiora: Das deutsche Lied, Wolfenbüttel/Zürich, 1971.